ÉLECTIONS DE 1869

SENTINELLES

Prenez garde à vous!

PAR

PIERRE LEYSSENNE

PRIX : 50 CENT.

PARIS

LE CHEVALIER, ÉDITEUR

RUE DE RICHELIEU, 61

1869

SENTINELLES

Prenez garde à vous!

PAR

PIERRE LEYSSENNE

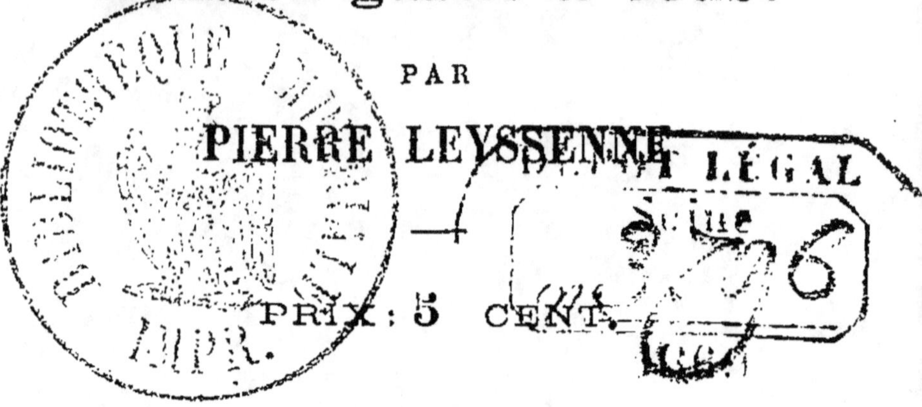

PRIX : 5 CENT.

PARIS

ARMAND LE CHEVALIER, ÉDITEUR

RUE DE RICHELIEU, 61

1869

ét
v
d
li
ra

pr

c
c
l
l

SENTINELLES

PRENEZ GARDE A VOUS !

CHAPITRE I.

Élections générales et partielles de 1863 à 1868.

Préparatifs de la lutte. — La France
it appelée, le 31 mai et le 1er juin 1863, à renouler, pour la troisième fois depuis le coup d'État
1851, les membres du Corps législatif.

Le nombre des électeurs étant d'environ 10 milns, le nombre des députés à élire était de 283, à
ison d'un député par 35 000 électeurs.

Pour la première fois depuis 1852, les populations
raissaient vouloir s'intéresser au choix de leurs
présentants.

Un demi-réveil succédant à une longue léthargie,
 put croire que la revendication des libertés perues ne serait plus exclusivement confiée au groupe
es cinq (Jules Favre, Picard, Ollivier, Darimon,
énon), dont les efforts restaient impuissants depuis
ix ans devant une majorité formidable, mais dont
 persévérante activité n'avait pas peu contribué à
amener les esprits vers les questions politiques et
es intérêts sociaux.

Candidatures officielles. — Bien que
'Empereur, dans son décret fameux du 24 novem-

bre 1860, eût lui-même sollicité un contrôle plus sérieux sur la direction des affaires publiques, le gouvernement se montrait très-peu disposé à se désintéresser de la lutte ; il s'y préparait au contraire avec un luxe de précautions qui paraissait mettre singulièrement en doute la haute sagesse des électeurs.

Non-seulement le gouvernement ne proposait pas l'abrogation du sénatus-consulte qui impose à tout candidat le serment préalable, mais il maintenait plus rigoureusement que jamais son système favori des candidatures officielles. Le gouvernement se chargeait de sonder les vœux des populations et de présenter dans chaque collége électoral l'homme qui devait réunir le plus de sympathies et le plus d'adhésions. Le choix fait, nul n'était autorisé à faire un appel direct aux électeurs, sans être signalé comme un ennemi de l'Empire par tous les agents de l'administration, par tous les journaux officiels et officieux, quels que fussent d'ailleurs les antécédents du candidat, et ses services rendus, et ses protestations de dévouement, en dépit même de son serment.

Ce système, qui pourvoit assez bien au présent, mais qui nécessairement doit tourner à la longue contre le gouvernement qui l'emploie, tire toute sa valeur du succès. Avec lui le moindre échec est une défaite, une bataille perdue. On comprend donc la nécessité pour le gouvernement de faire jouer tous les ressorts de la machine administrative et de mettre en campagne tous ses fonctionnaires et tous ses agents, depuis le préfet jusqu'au garde champêtre. Quiconque connaît la province sait l'irrésistible pression que subissent les populations ou les individus à qui est faite la promesse d'un chemin de fer, d'un chemin vicinal, d'un canal, d'une église, d'une maison d'école, d'une fontaine, de subventions, d'allocations, de dégrèvements d'impôts, de bourses, de bureaux de tabac, etc. Pour l'habitant des campagnes, le fait seul de recevoir avec sa carte d'électeur un bulletin du candidat officiel, par ordre de M. le maire, et des mains du garde champêtre, pèse d'un grand poids sur ses résolutions.

Le candidat de l'opposition n'a rien de semblable à offrir, et il ne sera dans aucun cas le dispensateur de ces rosées bienfaisantes. Il n'a à opposer à son adversaire que ses principes, la dignité de sa vie et les fautes du gouvernement.

Ajoutons que le candidat de l'opposition n'aura à sa disposition aucun moyen régulier et périodique de publicité, qu'il pourra être en butte aux attaques du journal de la préfecture, unique organe des intérêts du département, qu'il devra faire imprimer, expédier, distribuer, afficher à ses frais dans toutes les communes de sa circonscription, toute profession de foi, proclamation, réclamation, défense personnelle, bulletin de vote, et qu'en l'absence de lois sur la liberté de la presse et sur la liberté de réunion, il est soumis pour le moindre de ses actes à l'autorisation préalable et à l'arbitraire administratif.

Remaniement des circonscriptions électorales. — Il semble que tant d'inégalité dans les situations respectives des concurrents devait tranquilliser le pouvoir si fier de ses 8 000 000 de suffrages.

Eh bien, il lui restait encore à employer une dernière arme meurtrière, la faculté de manier et de remanier à son gré les circonscriptions électorales. A qui pourra-t-on faire croire que toute manœuvre électorale est étrangère à la division d'une ville comme Bordeaux en trois tronçons (aujourd'hui quatre) à chacun desquels on ajoute un lambeau du territoire rural? Pourquoi le même procédé est-il appliqué aux villes de Marseille, Nîmes, Toulouse, Le Mans, Evreux, Nancy, Poitiers? Pourquoi faire voter Marseille avec les villages de la Durance, qui en sont à 18 lieues? Pourquoi un fragment de Nîmes avec Aigues-Mortes qui en est à 12 lieues et avec Pont-Saint-Esprit qui en est à 18? Pourquoi un fragment de Toulouse avec Saint-Gaudens qui en est à 23 lieues? Évidemment pour noyer les votes hostiles des villes dans ceux des campagnes. Pourquoi des remaniements fréquents et qu'aucune cause apparente ne justifie, sinon un intérêt électoral? Pourquoi voit-on une inégalité frappante dans les circonscriptions au point de vue du nombre des électeurs? En général, les circonscriptions bien pensantes ont peu d'électeurs ; les circonscriptions considérées comme hostiles en ont beaucoup plus : celle de Lyon où M. Hénon est nommé depuis 1852 compte 44 430 électeurs ; celle de M. Descours n'en compte que 24 600.

Enfin par quel phénomène étrange le nombre des députés de Paris qui en 1857 s'élevait de 9 à 10, est-il redescendu à 9 en 1863 et resté tel en 1867, après un accroissement considérable de population? et comment le département de la Seine qui avait, en 1848, 433 632 électeurs inscrits avec une population de 1 363 000 habitants, n'a-t-il plus en 1867 que 309 000 électeurs inscrits avec une population de 2 150 916 habitants? 788 000 habitants de plus et 124 000 électeurs de moins ! ! !

Résultat des élections. — Quoi qu'il en soit, malgré toutes ces entraves apportées à la régularité et à la sincérité du suffrage universel, peut-être même en partie à cause de ces entraves, presque tous les départements prirent part à la lutte. A peine peut-on en citer six qui ne présentèrent aucun candidat d'opposition : le Lot, la Vendée, les Hautes-Pyrénées, les Pyrénées-Orientales, les Basses-Pyrénées et le Jura. Des candidats d'opposition, plus ou moins sérieux, furent présentés dans 215 circonscriptions sur 283, c'est-à-dire dans les trois quarts ; 68 seulement s'abstinrent. Sur ces 215 candidats 32 furent d'abord élus, puis à la suite de six annulations, de deux options et d'une nomination au conseil d'État, neuf réélections eurent lieu dont sept furent favorables à l'opposition et lui donnèrent 4 députés nouveaux :

Ensemble 36, de nuances très-variées.

Répartition des suffrages entre les candidats officiels et les candidats opposants. — Comment s'étaient réparties les voix des électeurs entre les candidats du gouvernement et les candidats de l'opposition, pour donner une si grande majorité aux premiers ?

Le journal le *Siècle*, dans son numéro du 10 août 1868, a publié un tableau général des élections de 1863, qui se résume ainsi :

Electeurs inscrits.	9,975,615
Voix données aux candidats du gouvernement 5,354,779	
Voix données aux autres candidats. 1,859,513	
Abstentions 2,692,781	9,975,615
Bulletins blancs, annulés, ou voix perdues. 68,542	

Symptômes favorables à l'opposition. — Il résulte de ce tableau que le gouvernement n'a obtenu que 53 pour 100 des voix des électeurs inscrits, à peine la majorité ; et qu'avec un peu moins du triple des voix données à l'opposition, il a eu 8 fois plus de députés. L'enseignement à tirer de cette remarque, c'est que les abstentions ont été funestes dans les dernières élections, qu'il faut y renoncer à tout prix, aux élections prochaines, qu'il faut faire surgir des candidatures indépendantes partout, et pour peu qu'un tiers ou un quart des voix données aux candidats du gouvernement se portent sur les candidats de l'opposition, le tableau précédent peut être renversé, la majorité numérique être acquise à l'opposition et la liberté remporter une éclatante revanche ! Sur quoi repose cette prétention d'attirer aux candidatures indépendantes une partie des voix données il y a six ans aux candidats officiels ?

Sur trois faits irrécusables :

1º Les fautes nombreuses et éclatantes du gouvernement personnel pendant cette période, et sa persistance à vouloir imposer ses choix aux électeurs auront rendu ceux-ci plus circonspects et moins complaisants.

2º Les départements qui ont envoyé en 1863, 36 députés indépendants de toute attache officielle, sont des départements du Nord et de l'Est de la France, c'est-à-dire les plus éclairés et les plus instruits ; d'où on peut conclure qu'une grande lumière s'étant faite dans la France depuis plusieurs années, elle suppléera pour un grand nombre d'esprits à l'instruction qui leur est si parcimonieusement distribuée et éclairera leur jugement.

3º Les élections partielles qui ont eu lieu depuis 1863 ont montré une progession toujours croissante dans le sens libéral.

Terrain gagné par l'opposition dans les élections partielles. — Dix députés de l'opposition sur 54, c'est-à-dire près de 1/5, élus de 1863 à 1868, prouveraient assez quel chemin a déjà été parcouru ; mais dans les succès mêmes de l'administration, on ne peut voir par comparaison, que de véritables défaites.

Ainsi, en 1864, un an après les élections générales, le nombre des voix obtenues par les candidats officiels, a déjà notablement diminué ; dans l'Ardèche, il est descendu de 98 à 59 p. 100 du nombre des *votants* ; dans la Dordogne, de 85 à 80 ; dans le Gard, de 76 à 61, et dans la Marne, de 93 à 50 ; il n'y a qu'une augmentation sensible dans le Pas-de-Calais, de 60 à 86.

Enfin, la moyenne des voix obtenues par les candidats officiels, qui était, en 1863, dans les mêmes circonscriptions, de 57,3 p. 100 du nombre des électeurs *inscrits* est descendue à 53,5 bien que le nombre des votants se soit élevé de 69 à 73,5 p. 100.

En 1865, le nombre des voix obtenues par les candidats officiels s'abaisse dans le Calvados de 71 à 59, dans l'Oise, de 78 à 62, dans les Basses-Pyrénées (1ʳᵉ C.) de 98 à 75, dans les Basses-Pyrénées (2ᵉ C.) de 99 à 74, et dans l'Yonne de 70 à 56. Il ne s'élève que dans le Finistère de 86 à 90 et dans l'Ain de 88 à 98.

Enfin, la moyenne qui était en 1863, dans les mêmes circonscriptions, de 63,5 p. 100 du nombre des électeurs *inscrits*, est tombée à 54.

En 1866, le nombre des voix obtenues par les candidats officiels s'abaisse dans l'Orne de 98 à 51 ; dans la Marne, de 85 à 61 ; dans le Bas-Rhin, de 75 à 65 ; dans le Maine-et-Loire de 74 à 72 ; dans la Savoie, de 92 à 73 ; dans le Pas-de-Calais de 98 à 68 ; et cette moyenne ne s'élève que dans deux départements et dans une proportion insignifiante, dans le Nord, de 95 à 97, et dans la Saône-et-Loire, de 82 à 87.

Enfin, la moyenne qui était en 1863, dans les

mêmes circonscriptions, de 62 p. 100 du nombre des électeurs *inscrits*, est tombée à 53.

En 1867, sur 11 nouveaux députés, 3 appartiennent à l'opposition, et dans les 8 autres circonscriptions, le nombre des voix obtenues par les candidats officiels s'est abaissé si brusquement et si généralement (moins une circonscription où il est resté le même), que ce changement ne peut être attribué qu'à un réveil de l'opinion et à un nouveau courant d'idées. Ce nombre s'est abaissé dans l'Isère de 65 à 60, dans l'Aisne de 65 à 55, dans la Somme, de 81 à 57, dans le Loir-et-Cher de 76 à 56, dans la Creuse, de 92 à 59, dans les Vosges de 97 à 51, et dans la Moselle de 97 à 50.

Enfin, la moyenne qui était en 1863, dans les mêmes circonscriptions, de 61 p. 100 du nombre des électeurs *inscrits*, est tombée à 46. Un seul député sur 8 a eu plus de 50 p. 100 des votes des électeurs inscrits.

En 1868, deux candidats opposants ont été élus, MM. Gorsse et Grévy,

L'élection de M. Grévy, dans une circonscription qui avait donné l'unanimité en 1863 au candidat officiel, a été surtout une défaite éclatante pour le gouvernement et a fait sensation dans la France entière. Elle suffirait à elle seule de baromètre politique, si d'ailleurs l'horizon n'était pas chargé de points noirs.

On a fait beaucoup de bruit en sens contraire à l'occasion des succès du gouvernement dans les élections de l'Ariége, de l'Allier, du Gard et du Var. On se demande si cet enthousiasme est bien légitime et surtout bien sincère, quand on apprend que MM. Denat et Mony n'ont eu que 49 pour 100 des voix des électeurs inscrits, que M. Dumas n'en a eu que 40 et M. Pons-Peyruc que 36. M. Bourgoing même, écuyer de l'Empereur, n'a pu atteindre dans la Nièvre que le chiffre de 46. Seul M. Lejoindre, dans la Moselle, a dépassé le chiffre de 50 et a obtenu 60 pour 100 des voix des électeurs inscrits ; ce qui est encore un échec relatif, puisque M. de Geiger dans la même circonscription, en 1863, en avait obtenu 80.

Enfin, la moyenne qui était en 1863 de 53 p. 100 est descendue à 49, restant ainsi au-dessous de 50.

Ces chiffres méritent d'être médités par les amis comme par les adversaires du gouvernement.

En résumé le nombre des députés nommés en dehors des candidats officiels s'élèverait à 46, sans la mort de MM. Berryer, Lanjuinais, Havin et la nomination de M. Garnier à des fonctions publiques.

L'INSTRUCTION ET LES ASPIRATIONS LIBÉRALES

DANS LES DÉPARTEMENTS DE LA FRANCE.

Il n'est peut-être pas sans intérêt maintenant de comparer les départements de la France au double point de vue de l'instruction et des aspirations libérales.

Tableau des 89 départements de la France rangés d'après leur degré d'instruction en 1863.

N. B. 1° Le chiffre placé en face de chaque département indique le nombre d'habitants sur 100 qui ne savent ni lire ni écrire.

2° Les départements représentés par un ou plusieurs députés opposants sont écrits en italique.

3° Les départements qui ont donné le plus de voix aux candidats officiels sont précédés d'un astérisque.

DÉPARTEMENTS INSTRUITS
(MOINS DE 1/4 D'ILLETTRÉS).

1 * Haute-Marne.	2,67	3 Doubs.	3,58
2 *Bas-Rhin.*	2,95	4 * Meuse.	4,35

5	*Jura.*	5,10	23	* Hautes-Pyrén.	15,42
6	*Vosges.*	5,64	24	Eure-et-Loir.	15,55
7	Aube.	5,73	25	* Orne.	15,89
8	Haut-Rhin.	6,08	26	Yonne.	16,48
9	*Côte-d'Or.*	6,48	27	Calvados.	17,69
10	Meurthe.	6,95	28	* Ain.	18,45
11	* Moselle.	7,02	29	Cantal.	19,23
12	*Seine.*	7,21	30	*Isère.*	20,06
13	*Haute-Saône.*	8,99	31	*Aisne.*	20,15
14	*Marne.*	9,15	32	Drôme.	21,90
15	*Hautes-Alpes.*	9,27	33	Eure.	21,94
16	*Rhône.*	9,62	34	Gard.	22,65
17	*Manche.*	10,53	35	*Somme.*	22,99
18	* Ardennes.	10,84	36	*Bouches-du-Rhone.*	23,13
19	*Seine-et-Oise.*	11,24	37	* Savoie	23,17
20	Seine-et-Marne.	12,44	38	Gers.	23,89
21	Oise.	13,18	39	* Hérault.	24,98
22	* Haute-Savoie.	15,32			

DÉPARTEMENTS MIXTES
ENTRE 1/4 ET 1/3 KILLETTRÉS.

40	*Lozère.*	25,57	50	Gironde	28,93
41	*Charente-Infér.*	26,42	51	*Pas-de-Calais.*	29,43
42	* Basses-Alpes.	26,73	52	Lot-et-Garonne.	29,73
43	Aveyron.	27,42	53	* Basses-Pyrén.	30,29
44	Deux-Sèvres.	27,46	54	*Seine-Inférieure.*	30,88
45	*Loiret.*	27,48	55	*Loire.*	31,36
46	* Saône-et-Loire.	27,98	56	Var.	32,20
47	* Vaucluse.	28,17	57	*Nord.*	32,78
48	*Charente*	28,51	58	Haute-Garonne.	32,83
49	* Aude.	28,89			

DÉPARTEMENTS IGNORANTS
PLUS DE 1/3 D'ILLETTRÉS.

59	Maine-et-Loire.	34,03	66	* Alpes-Maritimes.	37,67
60	* Creuse.	34,09	67	Ille-et-Vilaine.	37,71
61	Loir-et-Cher.	35,69	68	Ardèche.	38,05
62	*Corse.*	35,78	69	Tarn-et-Garonne.	39,20
63	* Sarthe.	36,23	70	*Puy-de-Dôme* (depuis 1863).	39,34
64	* Lot.	36,79			
65	*Indre-et-L.* (1863).	37,66	71	Mayenne.	39,37

72	*Tarn* (dep. 1863).	43,30	81	* Ariége.		55,39
73	* Nièvre.	43,42	82	* Allier.		56,57
74	* Vendée.	43,63	83	* Indre.		58,59
75	Vienne.	44,40	84	Finistère.		58,65
76	* Pyrén.-Orient.	45,12	85	*Côtes-du-Nord.*		59,01
77	Haute-Loire.	46,61	86	Cher.		59,65
78	*Loire-Inférieure*		87	* Morbihan.		60,68
	(depuis 1863).	47,88	88	* Corrèze.		62,31
79	Landes.	49,78	89	* Haute-Vienne.		69,28
80	Dordogne.	51,41				

Il résulte de ce tableau que sur les 29 départements qui ont nommé au moins un député non officiel, 6 seulement figurent dans la dernière catégorie; et encore sur ces six départements, 4 appartiennent à la période du réveil, de 1864 à 1868, tandis que 15 se trouvent dans la première catégorie et 11 parmi les 20 premiers représentant 21 députés sur 46.

D'un autre côté sur les 29 départements qui ont fourni le plus de voix aux candidats officiels 14 figurent dans la dernière catégorie, 10 seulement dans la première et 4 parmi les 20 premiers.

L'ordre n'est-il pas précisément renversé et ne peut-on pas conclure que l'instruction est favorable aux candidatures indépendantes? D'ailleurs il n'est plus douteux pour personne que dans les grands centres de population et partout où l'instruction a pénétré la majorité des suffrages est acquise aux candidats de l'opposition.

COMPOSITION ACTUELLE DU CORPS LÉGISLATIF.

Sur les 283 députés élus en 1863, 64 sont morts ou ont donné leur démission ou ont accepté des fonctions publiques; sur ceux-là 54 ont été remplacés dans des élections partielles, les dix autres ne l'ont pas été, et cependant les colléges électoraux de la plupart d'entre eux auraient dû être convoqués déjà, conformément à la loi, qui n'accorde au gouvernement qu'un délai de trois mois à partir du jour de la vacance.

En voici la liste :

1º Aube — Rambourgt — mort.

2º Aveyron — Chevalier — mort.

3º Bouches-du-Rhône — Berryer — mort.

4º Gironde — Arman, démissionnaire, en faillite.

5º Loire-Inférieure — Lanjuinais — mort.

6º Somme — Gressier—nommé ministre des travaux publics.

7º Saône-et-Loire — Barbantane — mort.

8º Morbihan — Le Mélorel — mort.

9º Isère — Flocard de Mépieu — mort.

10º Hautes-Alpes— Garnier — nommé conseiller à la cour des comptes.

Titres nobiliaires.— Il y a à la Chambre 1 prince, 4 ducs, 16 marquis, 22 comtes, 7 vicomtes, 27 barons et 25 particules nobiliaires. — Total 102 sur 273, soit 37, 5 p. 100, plus d'un tiers, près des deux cinquièmes.

Ajoutons à ce chiffre les morts ou démissionnaires depuis 1863, 1 duc, 7 comtes, 3 vicomtes, 4 barons, 17 particules, total 32, et nous aurons en tout 134 nobles sur 337 députés, soit 40 p. 100 ou les deux cinquièmes.

En 1789, les états généraux étaient composés de la manière suivante : clergé 150 députés, noblesse 150, tiers état 300. Ainsi la noblesse toute-puissante ne comptait alors dans la représentation nationale que pour un quart; aujourd'hui après trois quarts de siècle et quand elle a perdu tous ses droits, elle compte pour deux cinquièmes, grâce au suffrage universel dirigé.

Grandes fortunes des députés. — Il nous a été impossible d'établir même approximativement la fortune individuelle de chaque député, mais il est de notoriété publique que le Corps législatif actuel représente dans une énorme proportion la grande propriété foncière, industrielle et financière. Chaque électeur peut s'en assurer pour sa province. A ce titre encore ce sont les privélégiés, les heureux du siècle qui représentent la nation, et cette fois pour plus des neuf dixièmes.

Tendances cléricales de la majorité. Mais le clergé, dira-t-on, n'est pas représenté. — Est-ce bien exact? On pourra en juger par certains scrutins dans les questions religieuses, sur la souveraineté temporelle du pape, par exemple ; mais on serait encore mieux édifié s'il était possible d'énumérer tous les députés membres de la congrégation de St-Vincent de Paul et dont les fils, petits-fils et neveux sont élevés dans les établissements religieux, et particulièrement chez les Jésuites ; le nombre en est considérable et c'est un symptôme bien caractéristique, aussi dangereux d'ailleurs pour le gouvernement que pour la démocratie. Que chacun compte dans sa province les députés qui confient leurs enfants aux frères ignorantins et aux Pères jésuites, capucins ou autres ; qu'ils y ajoutent ceux d'entre eux qui n'en acceptent pas moins la présidence du conseil d'administration du lycée de leur département, et qu'on dise ensuite que le clergé n'est pas représenté au Corps législatif !

Les non-fonctionnaires publics. — On peut envisager la composition de la Chambre à d'autres points de vue.

Chacun sait que la loi interdit aux fonctionnaires l'entrée du Corps législatif, mais il a été décidé à plusieurs reprises par le Corps législatif lui-même qu'un administrateur de chemin de fer n'est pas un fonctionnaire public, qu'un directeur de la Monnaie n'est pas un fonctionnaire, qu'un chef de cabinet du ministre de l'intérieur n'est pas un fonctionnaire, que le gouverneur et le sous-gouverneur du Crédit foncier ne sont pas des fonctionnaires. Aussi a-t-il validé les élections de MM. Lacroix, de Bussière, de Jaucourt, Frémy et de Soubeyran.

Les chambellans et écuyers. — Il a décidé également dans son omnipotence que les chambellans et écuyers de l'Empereur et de l'Impératrice ne sont pas des fonctionnaires publics, et que rien ne leur est plus facile que de remplir leur mandat avec indépendance ; aussi avons-nous à la Chambre quatorze chambellans, écuyers ou aides des cérémonies. En voici les noms :

LISTE DES CHAMBELLANS ET ÉCUYERS DÉPUTÉS.

Comte d'Arjuzon, comte d'Aygues-Vives, baron de Bourgoing, comte Jérôme de Champagny, marquis de Conégliano, marquis d'Havrincourt, comte de Las-Cases, marquis de la Tour-Maubourg, baron de Pierres, marquis de Piennes, comte de la Poëze, baron Sibuet, duc de Tarente, Thoinnet de la Turmélière.

Il sera intéressant de vérifier leurs votes.

Les décorés. — La décoration de la Légion d'honneur n'a jamais été une cause d'exclusion de nos assemblées législatives, mais à aucune époque on ne s'en est plus aperçu qu'aujourd'hui.

Le journal la *Cloche*, dans son numéro 27 du 4 février dernier, fait le compte suivant : sur 277 députés 236 sont décorés ; 41 seulement ne le sont pas : pendant la durée du mandat législatif il y a eu, depuis 1863 :

64 nominations de chevaliers.

76 d'officiers.

33 croix de commandeur.

2 plaques de grand officier.

1 grand cordon de la grand'croix.

Total 176 ; moyenne, 35 décorés par an, ou 33 de plus que dans un régiment de 1000 hommes en temps de paix.

Les jeunes et les vieux. — Enfin au point de vue de l'âge, le Corps législatif est-il mieux partagé? Qu'on en juge par le tableau suivant :

De 80 ans et au delà,	3 dép.	De 50 à 60,	74
De 70 à 80,	43	De 40 a 50,	57
De 60 à 70,	82	De 30 à 40,	14

On voit que la moyenne touche à 60 ans, et que les hommes de 30 à 50 ans, c'est-à-dire les hommes nouveaux, représentant le mieux les aspirations nouvelles, la vie et la force de la nation, figurent à peine pour un quart dans ce tableau.

Ainsi en résumé, des nobles, des cléricaux, de grands propriétaires, des millionnaires, des chambellans, des décorés et des vieillards ; voilà le fond de la représentation nationale actuelle.

Sentinelles-électeurs! Prenez garde à vous!

Élections contestées. — Quoi qu'il en soit, le résultat des élections de 1863 ne fut pas accepté sans opposition : de l'aveu de M. de Morny, qui présidait alors le Corps législatif, il n'y eut pas moins de 180 élections contestées ; 35 donnèrent lieu à de longues discussions et à des débats orageux qui prolongèrent la vérification des pouvoirs d'une manière tout à fait inusitée. Six seulement furent annulées. En voici le tableau :

Calvet-Rogniat (Aveyron).
Bertrand (Calvados).
Mathieu (Corrèze).
Abbatucci (Corse).
Welles de Lavalette (Dordogne).
De Quinemont (Indre-et-Loire).
Royer (Isère).
Bravay (Gard), annulée.
De Campaigno (Haute-Garonne).
Belliard (Gers).
Curé (Gironde).
Arman (Gironde).
Pagézy (Hérault).
Roulleaux-Dugage (Hérault).
De Dalmas (Ille-et-Vilaine).
De Tarente (Loiret).
Balay (Loire).
Joseph Simon (Loire-Inférieure).
Noubel (Lot-et-Garonne).
Boitelle (Nord), annulée.
Corberon (Oise).
D'Hérambault (Pas-de-Calais).
Isaac Péreire (Pyrénées-Orientales), annulée.
De Bussière (Bas-Rhin).
De Bulach (Bas-Rhin), annulée.
Gros (Haut-Rhin).
Perras (Rhône).
Pelletan (Seine), annulée pour erreur dans le compte des suffrages.
De Jaucourt (Seine-et-Marne).
Caruel de Saint-Martin (Seine-et-Oise).
Dambry (Seine-et-Oise).
Lasnonier (Deux-Sèvres).
Kervéguen (Var).
De Soubeyran (Vienne).
De Villiers (Vosges), annulée.

CHAPITRE II.

La politique de l'Empire depuis 1863.

L'Empereur a dit à l'ouverture de la session de 1863 : « Puisque nous nous trouvons réunis pour la dernière fois, il n'est pas inutile de reporter nos regards sur ce que nous avons fait ensemble depuis cinq années ; car c'est seulement en embrassant une période de quelque durée qu'on peut apprécier l'esprit de suite qui a présidé à la direction des affaires. »

Le conseil est excellent, et ce que l'Empereur a fait dans son discours de 1863 pour la période de cinq ans qui venait de s'écouler, nous nous proposons de le faire pour la période suivante, qui se termine en 1869 et qui comprend six sessions législatives entières. Le lecteur pourra apprécier l'*esprit de suite* qui a présidé à la direction des affaires. Et pour que nous ne soyons pas accusés d'altérer les faits ou de les présenter avec partialité, nous prendrons dans les discours mêmes du chef de l'Etat les éléments de notre étude. Nous examinerons ensuite l'attitude du Corps législatif, et les votes individuels dans chaque session, en face de la politique du gouvernement.

MEXIQUE.

(Extraits des discours de l'Empereur à l'ouverture des chambres.)

1864. (5 novembre 1863.) — « Sans ressources extraordinaires, nous avons fait face aux dépenses occasionnées par la guerre au Mexique et en Cochinchine.

Les expéditions lointaines, *objet de tant de critiques*, n'ont pas été l'exécution *d'un plan prémédité;* la force des choses les a amenées, et cependant elles ne sont pas à regretter. Comment, en effet, développer notre commerce extérieur, si nous *renoncions à toute influence en Amérique?*

Au Mexique, après une résistance inattendue, que le courage de nos soldats et de nos marins a surmontée, nous avons vu les *populations nous accueillir en libérateurs.* Nos efforts n'auront pas été stériles, et nous serons *largement dédommagés* de nos sacrifices lorsque les destinées de ce pays, *qui nous devra sa régénération,* auront été remises à un prince que ses lumières et ses qualités rendent digne d'une aussi noble mission.

Ayons donc foi dans nos entreprises d'outre-mer; commencées pour venger notre honneur, elles *se termineront par le triomphe de nos intérêts, et si des esprits prévenus ne devinent pas* ce que renferment de fécond les germes déposés pour l'avenir, ne laissons pas dénigrer la gloire acquise, pour ainsi dire, aux deux extrémités du monde, à Pékin comme à Mexico. »

1865. — « Au Mexique, le nouveau trône *se consolide,* le pays *se pacifie;* ses immenses ressources *se développent.* Heureux effets de la valeur de nos soldats, *du bon sens de la population mexicaine,* de l'intelligence et de l'énergie du souverain ! »

1866.— « Au Mexique, le gouvernement *fondé par la volonté du peuple se consolide;* les dissidents *vaincus et dispersés* n'ont *plus de chef;* les troupes nationales ont montré leur valeur, et le pays a trouvé des garanties d'ordre et de sécurité qui ont développé ses ressources et porté son commerce avec la France seule, de 21 à 77 millions.

Ainsi que j'en exprimais l'espoir l'année dernière, notre expédition touche à son terme. Je m'entends avec l'empereur Maximilien pour fixer l'époque du rappel de nos troupes, afin que le retour s'effectue *sans compromettre les intérêts français* que nous avons été défendre dans ce pays lointain. »

. . . .

1867. — « Dans une autre partie du globe, nous avons été obligés de recourir à la force pour redresser de légitimes griefs, et nous *avons tenté de relever un ancien empire.* Les heureux résultats obtenus d'abord ont été compromis par *un fâcheux concours de circonstances.* La *pensée qui avait présidé* à l'expédition du Mexique était grande : régénérer un peuple, y implanter des idées d'ordre et de progrès, ouvrir à notre commerce de vastes débouchés, et laisser comme trace de notre passage les souvenirs de services rendus à la civilisation ; tel était mon désir et le *vôtre.*

Mais le jour où l'étendue de nos sacrifices m'a paru dépasser les intérêts qui nous avaient appelés de l'autre côté de l'Océan, j'ai *spontanément* décidé le rappel de notre corps d'armée. »

1868.... Néant.

Voilà donc l'origine, les développements et l'issue de cette grande entreprise ! Et où sont les 600 millions de francs qui s'y sont engloutis ? où sont les 100 000 hommes qui y ont péri de la fièvre jaune ou dans les combats ? où sont ces nombreuses familles ruinées par l'emprunt mexicain si vivement patroné par le gouvernement français ? où est enfin ce malheureux prince, allant chercher sur la foi de nos promesses un trône et une nouvelle patrie, et ne trouvant que la mort d'un vulgaire aventurier ?

Tous ces malheurs seraient-ils arrivés, si le chef responsable de la France eût tenu compte de l'opinion publique sur cette entreprise, *objet de tant de critiques?* s'il eût prêté l'oreille à *ces esprits prévenus,* qui *devinaient* trop, sans être prophètes, le sort réservé à une œuvre impossible? s'il eût moins ajouté foi aux rapports trop intéressés et plus qu'exagérés de ses généraux? et enfin, si les députés de la majorité, échos fidèles de la pensée de la France, avaient arrêté le pouvoir sur cette pente fatale?

Et maintenant, électeurs, votez pour les candidats officiels!

ALGÉRIE.

(Extrait des discours de l'Empereur à l'ouverture
des Chambres.)

1864. — « En Algérie, malgré l'anomalie qui soumet les mêmes populations, les unes au pouvoir civil, les autres au pouvoir militaire, les Arabes *ont compris* combien la domination française était *réparatrice et équitable, sans que les Européens aient moins de confiance* dans la protection du gouvernement. »

1865. — « En Afrique, une *insurrection subite* est venue troubler la sécurité de nos possessions.... Malgré les difficultés des lieux et la rigueur de la saison, notre armée, conduite avec habileté, a eu bientôt raison de l'insurrection.... »

1866. — « Le calme, qui n'a pas cessé de régner à l'intérieur, m'a permis d'aller visiter l'Algérie, où ma présence, je l'espère, n'aura pas été inutile pour *rassurer les intérêts et rapprocher les races.* »

1867. — Néant.

1868. — Néant.

1869. — Néant.

Depuis le voyage de l'Empereur, un sénatus-consulte a réorganisé notre colonie et a réglé les rapports des colons et des Arabes, mais sans parvenir ni à rassurer les intérêts, ni à rapprocher les races; les Arabes ne comprennent pas mieux qu'auparavant les bienfaits de la domination française, et une nouvelle insurrection a dû récemment être encore réprimée.

Chacun sait à quel degré de misère est descendue la population arabe depuis deux ou trois ans ; il a fallu lui faire l'aumône insuffisante de quelques millions de francs, ce qui n'a pas empêché de trouver, par milliers, des hommes et des femmes morts de faim ; *des mères ont mangé leurs enfants*, et le nombre des crimes s'est accru dans une proportion effrayante.

En vain les députés de l'opposition demandent-ils que l'Algérie soit représentée au Corps législatif comme les départements de la France, afin que ses mandataires exposent leurs plaintes et les réformes qu'ils réclament. — En vain demandent-ils la constitution de la propriété arabe individuelle, à la place de l'odieux communisme qui y règne ; en vain demandent-ils la substitution de la loi civile à la loi militaire ; en vain, dans cette dernière session (voir le *Journal officiel* du 16 avril), un député dévoué au gouvernement, un ami du premier degré, M. Le Hon, vaincu par l'évidence du mal qu'il a pu constater sur les lieux mêmes, est-il venu au secours de l'opposition en faisant le tableau le plus sombre de la situation de notre malheureuse colonie ; la majorité, inflexible, a constamment repoussé toutes ces prétentions, vivement combattues par le gouvernement.

Et maintenant, électeurs, votez pour les candidats officiels !

ITALIE. — ROME.

(Extraits des discours de l'Empereur à l'ouverture
des Chambres.)

Session de 1864. — Néant.

1865. — « Dans le midi de l'Europe, l'action de la
France devait s'exercer plus résolûment. J'ai voulu
rendre possible la solution d'un difficile problème.
La convention du 15 septembre, *dégagée d'interpré-
tations passionnées*, consacre deux grands principes :
l'affermissement du royaume d'Italie, et *l'indépendance du Saint-Siége*. L'état *provisoire et précaire* qui
excitait tant d'alarmes *va disparaître*. Ce ne sont
plus les membres épars de la patrie italienne cher-
chant à se rattacher par de faibles liens à un petit
État situé aux pieds des Alpes ; c'est un grand pays
qui, s'élevant au-dessus des préjugés locaux et mé-
prisant des excitations irréfléchies, transporte har-
diment au cœur de la péninsule sa capitale, et la
place au milieu des Apennins comme une citadelle
imprenable. Par cet acte de patriotisme, l'Italie se
constitue définitivement et *se réconcilie en même
temps avec la catholicité ;* elle s'engage à respecter
l'indépendance du Saint-Siége, à protéger les frontières des États-Romains, et nous permet ainsi *de
retirer nos troupes*. Le territoire pontifical *efficacement garanti*, se trouve placé sous la sauvegarde
d'un traité qui lie solennellement les deux gouvernements. La convention n'est donc pas une arme de
guerre, mais une œuvre de paix et de conciliation. »

1866. — « L'Italie, reconnue par presque toutes
les puissances de l'Europe, a affirmé son unité en
inaugurant sa capitale au centre de la péninsule.
Nous *avons lieu de compter* sur la scrupuleuse exécution du traité du 15 septembre et sur le maintien
indispensable du pouvoir du Saint-Père. »

1867. — « A Rome, nous avons exécuté fidèlement la convention du 15 septembre. Le gouvernement du Saint-Père est entré dans une nouvelle phase. Livré à lui-même, il se maintient *par ses propres forces*, par la vénération qu'inspire à *tous* le chef de l'Eglise catholique, et par la surveillance qu'exerce loyalement sur ses frontières le gouvernement italien. Mais si des conspirations démagogiques cherchaient, dans leur audace, à menacer le pouvoir temporel du Saint-Siége, *l'Europe, je n'en doute pas*, ne laisserait pas s'accomplir un événement qui jetterait un si grand trouble dans le monde catholique. » . . . . , . . .

1868. — « Des agitations révolutionnaires, préparées au grand jour, menaçaient les États pontificaux. La convention du 15 septembre n'étant pas exécutée, j'ai dû envoyer de nouveau nos troupes à Rome et protéger le pouvoir du Saint-Siége, en repoussant les envahisseurs.

Notre conduite ne pouvait avoir rien d'hostile à l'unité et à l'indépendance de l'Italie, et cette nation, un instant surprise, n'a pas tardé à comprendre les dangers que ces manifestations révolutionnaires faisaient courir au principe monarchique et à l'ordre européen. Le calme est aujourd'hui presque entièrement rétabli dans les Etats du pape, et nous pouvons calculer *l'époque prochaine du rapatriement* de nos troupes. Pour nous la convention du 15 septembre existe tant qu'elle n'est pas remplacée par un nouvel acte international ; les rapports de l'Italie avec le Saint-Siége intéressent l'Europe entière, et *nous avons proposé aux Puissances* de régler ces rapports dans une conférence, et de prévenir ainsi de nouvelles complications. »

1869. — Néant.

Il serait difficile de se faire une idée juste de la question italienne et romaine par les citations qui précèdent, quelque complètes qu'elles soient : tout ce qu'on peut en conclure, c'est que le gouvernement français croyait, en 1865, le territoire pontifical efficacement garanti par la convention du 15 septembre ; qu'en 1866, il avait lieu de compter sur la scrupuleuse exécution de ce traité ; qu'en 1867 il constatait la surveillance loyale que le gouvernement italien exerçait sur les frontières des Etats-Romains ; mais qu'en 1868, les événements avaient déjoué toutes ses prévisions, et qu'il avait dû envoyer de nouveau nos soldats à Rome et repousser les envahisseurs.

Nous laissons à chacun le soin de juger si la création de la légion d'Antibes par l'engagement volontaire de soldats français, commandés par un chef français, inspectés par un général français et menacés de peines disciplinaires françaises, n'était pas une violation de la convention du 15 septembre, et ne déliait pas l'Italie de tout engagement. Nous constaterons seulement qu'il fallait un singulier aveuglement pour affirmer que la convention du 15 septembre allait faire disparaître l'état provisoire et précaire qui excitait tant d'alarmes, pour croire que l'Italie allait se réconcilier avec la catholicité, pour supposer que le pape, livré à lui-même, pouvait se maintenir par ses propres forces.

C'était trop oublier l'antagonisme absolu de deux principes inconciliables, constaté surabondamment par des déclarations solennelles et par dix-huit années de tentatives diplomatiques, radicalement impuissantes.

Au reste il est peu de questions où la politique française ait paru aussi hésitante, changeante et mobile, que dans la question romaine. Qui pourrait mesurer la distance qui sépare la lettre du président de la République à Edgar Ney, du fameux *Jamais* de M. Rouher ?

En 1849, on résumait ainsi le rétablissement du pouvoir temporel du Pape : amnistie générale, sécularisation de l'administration, Code Napoléon et gouvernement libéral. On a souvent depuis repris ce programme. Peine inutile ! efforts superflus ! La cour de Rome reçoit des services, mais non des conseils. Prières, menaces, concessions, protection, rien n'y fera ; elle répondra par l'Encyclique, elle répondra par le *Syllabus*, elle répondra par la lettre à l'archevêque de Paris ; elle vous opposera toujours son éternel *non possumus.*

La longanimité du gouvernement français n'est pourtant pas à toute épreuve ; il lui arrivera de trouver le pouvoir temporel détestable et en opposition avec la civilisation ; il le jugera une cause de désordre pour l'Europe ; il lui laissera enlever les Romagnes par le roi de Piémont, et lorsqu'au Corps législatif, une fraction de la majorité voudra déclarer que *la grandeur, la dignité, la puissance de la France exigent qu'on soutienne le pouvoir temporel du pape,* cette fraction sera vivement combattue par le gouvernement, combattue dans la Chambre, et combattue dans les élections suivantes, où les chefs de ces 91 indisciplinés, privés de l'estampille officielle, ne retrouveront plus leurs électeurs.

En avril 1865, 83 voix contre 166 tenteront encore vainement de faire proclamer la nécessité du maintien du pouvoir temporel du pape ; le gouvernement considère encore cette affirmation comme séditieuse et dangereuse ; mais le 1er mars de l'année suivante 1866, le gouvernement sera converti ; il sera disposé à adorer ce qu'il a brûlé ; aussitôt la même conviction s'emparera de la majorité tout entière et 216 voix contre 18 proclameront la souveraineté temporelle du pape indispensable à l'exercice indépendant de son pouvoir spirituel. La doctrine proscrite des 91 est devenue la pensée même de la politique du gouvernement.

Enfin, le 5 décembre 1867, on arrache à M. Rouher cette déclaration solennelle et si étrangement catégorique : L'Italie ne s'emparera pas de Rome.... Jamais! Jamais! Aussitôt 238 voix contre 17 approuvent ce langage. Et après vingt ans, nos soldats sont encore à Rome, et pour l'éternité!

Et maintenant, électeurs, votez pour les candidats officiels!

RUSSIE, POLOGNE, DANEMARK, PRUSSE.

Les longs développements donnés à ces questions dans les discours d'ouverture des Chambres nous obligent à les résumer.

1864. — Lorsque l'insurrection de Pologne éclata, les gouvernements de Russie et de France étaient dans les meilleures relations, ce qui exigeait des ménagements ; mais l'Empereur, comprenant combien la cause polonaise était populaire en France, n'hésita pas à compromettre une des premières alliances du continent. Néanmoins, comme cette question touchait aux plus graves intérêts européens, il était nécessaire de s'entendre avec les autres puissances pour peser sur la Russie de tout le poids de l'opinion de l'Europe. *Malheureusement, nos conseils désintéressés ont été interprétés comme une intimidation*, et la lutte a continué avec plus d'acharnement.

L'Empereur pensa donc qu'il serait bon de soumettre la cause polonaise à un tribunal européen, à un grand congrès, qui réglerait en même temps toutes les questions pendantes en Europe et reconstruirait sur de nouvelles bases l'édifice ruiné par le temps et détruit pièce à pièce par les révolutions.

Une invitation pressante d'accéder à ce congrès est adressée à toutes les puissances et appuyée des considérations les plus élevées sur l'union et la concorde.

« *Cet appel, j'aime à le croire, sera entendu de tous....* Vous connaissez maintenant le langage que je me propose de tenir à l'Europe. Approuvé par vous, sanctionné par l'assentiment public, *il ne peut manquer d'être écouté, puisque je parle au nom de la France.* »

Hélas ! non ! cet appel n'a pas été écouté, pas plus que vos conseils à la Russie, qui répondit par la lettre si orgueilleuse et si fière du prince Gortschakoff, pas plus que ne sera entendue en 1868 l'invitation faite à l'Europe d'intervenir en faveur du pape, et de régler en commun les affaires d'Italie. Il faut en prendre votre parti, vous êtes seuls !

1865. — L'Empereur regrette l'insuccès de ses tentatives pour réunir un congrès, et il déclare que, dans le conflit qui a surgi sur les bords de la Baltique, partagé entre ses sympathies pour le Danemark et son bon vouloir pour l'Allemagne, il a observé la plus stricte neutralité.

1866. — « A l'extérieur, *la paix semble assurée partout*, car *partout* on cherche les moyens de dénouer amicalement les difficultés, au lieu de les trancher par les armes. » . . . .
. . . .

Qui ne serait frappé de cette fatalité qui déjoue les prévisions les mieux fondées de notre gouvernement !

Ainsi la paix semble assurée partout.... la veille de Sadowa.

Le trône de Maximilien se consolide.... la veille de l'exécution de ce prince.

Les Arabes reconnaissent que notre domination est réparatrice et équitable.... la veille d'une insurrection.

L'Italie surveille loyalement les frontières du pape.... la veille de l'arrivée de Garibaldi.

1867. — « De graves événements ont surgi en Europe, qui ont surpris le monde par leur rapidité comme par leurs résultats.... Nous avons assisté avec impartialité à la lutte.... »

1868. — « Il faut accepter franchement les changements survenus de l'autre côté du Rhin, proclamer que tant que nos intérêts et notre dignité ne seront pas menacés, nous ne nous mêlerons pas des transformations qui s'opèrent par le vœu des populations. »

1869. — « Dans cette situation, nous pouvons proclamer hautement notre désir de maintenir la paix ; il n'y a point de faiblesse à le dire, lorsqu'on est prêt pour la défense de l'honneur et de l'indépendance du pays. »

Voilà des assurances de paix bien positives ; elles ont été bien souvent répétées par tous les ministres, à toute occasion ; et cependant la France n'est pas rassurée ; elle sait qu'il suffit de la volonté d'un seul homme pour la jeter dans les hasards d'une guerre formidable, et que 12 ou 1300 mille hommes sont prêts à répondre au moindre appel. Elle comprend d'ailleurs que l'Europe ne peut pas rester ainsi longtemps couverte d'armées innombrables, que tant de canons rayés, tant de fusils Chassepot finiront par partir d'eux-mêmes et par provoquer un immense embrasement.

Mais à supposer que ces frayeurs soient vaines, exagérées, imaginaires, n'est-ce pas déjà un grand mal qu'elles puissent exister? La stagnation des affaires, les embarras du commerce, les désastres de l'industrie ont-ils une autre cause? Et d'ailleurs qu'importe après tout que la guerre toujours menaçante n'éclate jamais, si la France est condamnée, pour maintenir cette paix armée, à alimenter un effrayant budget, et si tous ses enfants sont obligés de se tenir pendant neuf ans à la disposition du ministre de la guerre?

Mais ce sont les députés de la majorité qui ont voté la dernière loi militaire; ce sont eux qui votent tous les budgets.

Et maintenant, électeurs, votez pour les candidats officiels !

FINANCES.

(Cette question étant capitale dans la situation actuelle de la France, nos extraits remonteront à l'origine de l'Empire.)

1853.—« De grands travaux ont été entrepris *sans la création d'aucun impôt et sans emprunt....* Le gouvernement a la *ferme volonté de diminuer les dépenses et les armements....* Notre position financière *n'a jamais été meilleure depuis vingt années.* »

1854.—« Le gouvernement s'est donc efforcé d'ouvrir dès le commencement de l'année des crédits qui, dépassant de *quelques millions seulement* les ressources du budget, amèneront avec le concours des communes et des compagnies une masse de travaux évalués à près de 100 millions. »

1855. — Guerre de Crimée. — « Le pays a déjà montré quelles étaient ses ressources et sa confiance en moi ; il avait offert, il y a quelques mois, 1700 millions de plus que je ne lui demandais ; une partie suffira pour soutenir son honneur militaire. »

1856. — « Le troisième emprunt a été couvert sans difficultés. Le pays m'a prouvé de nouveau sa confiance en souscrivant pour une somme cinq fois plus forte que celle que je demandais. »

1857. — « J'ai résolu de *réduire les dépenses*, sans suspendre les grands travaux, de *diminuer certains impôts* sans porter atteinte aux finances de l'État. Le budget de 1858 vous sera *présenté en équilibre*. Tous les services pourront être assurés *sans que nous ayons besoin de recourir de nouveau au crédit public.* »

1858. — « Le budget de 1859 se soldera *par un excédant de recettes*, et l'action de l'amortissement pourra être rétablie, LE GRAND LIVRE FERMÉ, la *réduction de la dette flottante assurée.*»

1859. — Néant. — A la veille de la guerre d'Italie.

1860. — « Néanmoins les dépenses et les recettes de l'année 1861 *seront en équilibre, sans qu'il soit besoin de faire appel au crédit ou d'avoir recours à de nouveaux impôts.* »

1861. — « Et cependant le budget vous sera *présenté en équilibre, sans qu'il soit nécessaire de recourir ni à la création de nouveaux impôts, ni au crédit public*, ainsi que je vous l'avais annoncé l'année dernière. »

1862. — « Le public s'est ému du chiffre de 963 millions, auquel s'est élevée la dette flottante, mais cette dette, *en s'arrêtant désormais*, n'a rien d'inquiétant. Eff.

Quelle que fût l'origine des découverts, quelque légitimes que fussent les dépenses, il était *prudent de ne plus les augmenter*. Dans ce but j'ai proposé au Sénat *un moyen radical*, qui confère au Corps législatif une plus grande faculté de contrôle.... C'était une réforme spontanée et *sérieuse*, DEVANT NOUS FORCER A L'ÉCONOMIE. *L'application sévère* de ce nouveau système nous aidera à asseoir notre régime financier *sur des bases inébranlables*. Eff.

Ce n'est pas sans regret que je me suis décidé à vous proposer le remaniement de plusieurs impôts ; mais par l'accroissement de nos revenus, *l'aggravation, j'en suis convaincu*, ne sera que *temporaire*. »

1863. — « Afin d'alléger nos finances, l'armée de terre et de mer a été ramenée à des proportions plus restreintes. *La dette flottante a pu être réduite.* »

1864. — « Vous verrez dans le rapport du ministre des finances, que si nos espérances ne se sont pas complétement réalisées, les revenus ont suivi une marche ascendante, et que *sans ressources extraordinaires*, nous *avons fait face* aux dépenses occasionnées par la guerre au *Mexique* et en Cochinchine. »

1865. — Néant.

1866. — « L'état de nos finances vous montrera que si les recettes suivent leur progression ascendante, *les dépenses tendent à décroître*. Dans le nouveau budget, les ressources accidentelles ou extraordinaires ont été remplacées par des ressources normales et permanentes ; la loi sur l'amortissement, qui vous sera soumise, dote cette institution de revenus certains et donne des garanties nouvelles aux créanciers de l'État. *L'équilibre* du budget est assuré *par un excédant de recettes*. »

1867. — « *L'amélioration graduelle* de nos finances permettra *bientôt* de donner une *large* satisfaction aux intérêts agricoles et économiques mis en lumière par l'enquête ouverte sur tous les points du territoire. Eff.

Notre sollicitude devra alors avoir pour but *la réduction de certains impôts* qui *pèsent trop lourdement* sur la propriété foncière, etc. »

1868. — « Si les recettes n'atteignent pas complétement les évaluations du budget, les prévisions des lois de finances ne seront pas modifiées, et il est permis *d'entrevoir l'époque où des allégements d'impôts pourront être étudiés.* »

1869.— « Nous pourrons bientôt, grâce à l'accroissement périodique des revenus, porter toute notre sollicitude *sur la diminution des charges publiques.* »

Que résulte-t-il de cet exposé sommaire mais solennel de l'état annuel des finances de la France depuis le rétablissement de l'Empire ?

Il en résulte qu'en 1853 notre position financière était meilleure qu'elle n'avait jamais été depuis vingt ans, que le gouvernement avait alors la ferme volonté de diminuer les dépenses et les armements, qu'il avait pu entreprendre de grands travaux sans la création d'aucun impôt et sans emprunt ;

Qu'en 1854, les ressources du budget étaient dépassées seulement de quelques millions ;

Qu'en 1855 et 1856 on avait fait trois emprunts successifs pour couvrir les frais de la guerre de Crimée, mais qu'en 1857 le gouvernement a résolu de réduire les dépenses et de diminuer certains impôts ;

Que le budget de 1858 est présenté en équilibre ;

Que celui de 1859 se soldera par un excédant de recettes, que la dette flottante sera réduite, et que le grand-livre sera fermé ;

Que le budget de 1861 sera en équilibre sans appel au crédit et sans nouveaux impôts ;

Qu'en 1862, la dette flottante s'arrêtera désormais, et qu'une réforme sérieuse forcera le gouvernement à l'économie ;

Qu'en 1863, la dette flottante a pu être réduite ;

Qu'en 1864, on a pu faire face aux dépenses occasionnées par la guerre du Mexique sans ressources extraordinaires ;

Qu'en 1866, les dépenses tendent à décroître et

que l'équilibre du budget est assuré par un excédant de recettes ;

Qu'en 1867, l'amélioration graduelle de nos finances permettra bientôt de donner une large satisfaction aux intérêts agricoles et de réduire certains impôts ;

Qu'en 1868, il est permis d'entrevoir l'époque où des allégements d'impôts pourront être étudiés ;

Qu'enfin en 1869, on pourra bientôt songer à la diminution des charges publiques.

Voilà certes une situation bien rassurante ; voyons maintenant les chiffres.

Si on fait le total des 17 budgets officiels qui embrassent la durée du gouvernement de Juillet de 1830 à 1847, on trouve le chiffre de .   23 082 730 918 fr.

Moyenne par année, en chiffres ronds. . . . .   1 360 000 000 fr.

Si on fait le même calcul pour les 17 budgets de l'Empire de 1852 à 1869, en évaluant chacun des trois derniers à la somme certainement trop faible de 2 300 000 000, on trouve le chiffre de 37 355 479 650 fr.

Moyenne par année, en chiffres ronds. . . . .   2 200 000 000 fr.

Différence en 17 ans 14 272 748 732
(14 milliards.)

Différence moyenne par année.   840 000 000
(840 millions.)

Ainsi l'Empire a coûté à la France, en moyenne, 840 millions de plus par an que le gouvernement de Juillet.

Les impôts directs ou indirects ont donné une bonne partie de cet argent, mais ils n'ont pas suffi, et on a dû avoir recours aux emprunts directs et publics et aux emprunts déguisés.

Voici le tableau des emprunts publics :

14 mars 1854.	250 millions	Guerre de Crimée.
3 janvier 1855.	250 —	—
18 juillet 1855.	750 —	—
7 mars 1859.	500 —	Guerre d'Italie.
18 janvier 1864.	300 —	Emprunt de paix.
6 août 1868.	429 —	—

2479 millions (2 milliards et demi).

Quant aux emprunts déguisés, ils consistent dans la conversion du 4 1/2 pour 100, du 4 pour 100, des obligations trentenaires, dans les ventes des biens domaniaux, les indemnités chinoises, mexicaines, japonaises et cochinchinoises, les 100 millions de la société algérienne, l'emprunt fait à la caisse de la dotation de l'armée, etc..., toutes sommes qui s'élèvent à près de 2 milliards ; total : 4 milliards, 300 millions, ou par année moyenne 250 millions de ressources exceptionnelles, en dehors des 2 milliards d'impôts.

Aussi le service de la dette publique qui était porté au budget de 1852, pour une somme de 291 millions, s'élève en 1868 à 549 millions ; différence 258 millions ; c'est-à-dire qu'en 16 ans la dette publique a presque doublé et le capital de cette dette dépasse maintenant 13 milliards.

Au moins nous en avons fini avec tous ces emprunts et ces budgets *insensés* (comme les a appelés M. Haentjens, un député dévoué), et nous allons revenir à des budgets plus modestes, à de sérieuses économies.

Écoutez d'abord M. Busson-Billault, le rapporteur du budget de 1870.

Il reconnaît que les découverts des budgets (on ne dit plus les déficits ; ce mot a vieilli) jusques et y compris celui de 1866, s'élevaient à **727** millions. Naturellement l'emprunt de 1868 qui ne monte qu'à la somme de 429 millions (frais compris) aurait été insuffisant; mais depuis lors d'autres découverts ont apparu, d'autres dépenses ont été jugées indispensables, notamment 162 millions pour la guerre et pour la marine, en sorte que tout compte fait, les engagements de la dette publique, après le payement des 429 millions d'emprunt, se trouvent *ramenés* (le mot est de M. Busson-Billault) à 800 millions, sans compter les avances diverses pour l'emprunt grec, les prêts à l'industrie, et l'indemnité des courtiers, dont le rapporteur ne donne pas le chiffre, mais qui peuvent être portés sans exagération à 100 millions; total : 900 millions, d'autres disent 1 milliard, qu'il faudra bien demander prochainement à deux ou trois nouveaux emprunts successifs, à moins qu'on ne préfère accroître les impôts, ou réduire les dépenses.

Quant à la réduction des dépenses, on a pu voir par la discussion du budget sur quelle vaste échelle nos députés officiels entendent la pratiquer :

Le budget ordinaire de 1869 s'élevait à	1 619 562 116
Le budget ordinaire de 1870 s'élève à	1 650 060 248
Augmentation.	30 498 132
Le budget extraordinaire de 1869 s'élevait à	102 501 616
Le budget extraordinaire de 1870 s'élève à	123 863 811
Augmentation.	21 362 195
A ajouter aux 900 millions	51 860 327

Nous n'avons parlé jusqu'ici que des finances générales de la France ; mais Paris, la province, les départements, n'ont-ils pas voulu suivre un si bel exemple ? Assurément. M. Haussmann, non content des revenus prodigieux de sa bonne ville de Paris, n'a pas pu moins faire que d'emprunter, et en dernier lieu sans aucune autorisation législative, comme chacun sait, la modeste somme de 1 milliard, ou 1 milliard et demi.

Les départements ont emprunté depuis 1852, jusqu'au 1er janvier 1868. . . . . . . 231 257 182 fr.

Les villes qui ont un revenu de plus de 100 000 fr. et qui ne peuvent emprunter que par une loi, ont emprunté 441 131 616 fr. — Enfin les villes qui ont un revenu inférieur à 100 000 fr. et qui peuvent emprunter par simple décret, ont emprunté au moins 200 000 000 ; et nous ne parlons pas de 1869, ni des 40 lois d'emprunts votées dans les derniers jours de la session.

Total pour Paris, les villes et les départements, 2 milliards.

Total pour la France entière, plus de 6 milliards.

Et maintenant, électeurs, votez pour les candidats officiels !

CHAPITRE III.

Tableau résumé des sessions de 1864 à 1869.

Maintenant que nous connaissons la pensée du gouvernement, ses vues et sa politique, voyons comment il a été secondé par les mandataires du suffrage universel.

Dans ce but, nous allons résumer chacune des sessions de cette législature, de 1864 à 1869, en négligeant toutes les lois d'intérêt local, qui sont presque toujours votées sans discussion, et à l'unanimité des membres présents, et aussi les lois d'intérêt général qui n'ont aucun caractère politique. Nous laisserons aussi de côté l'adresse, le contingent, les budgets, les emprunts et les crédits supplémentaires, qui se résument chaque année par des votes identiques que nous ferons connaître.

SESSION DE 1864.

1° Élection Jaucourt, dans la Seine-et-Marne. — Le candidat chef du cabinet du ministre de l'intérieur. — Propos calomnieux. — Dons et secours distribués. — Répartition anormale des circonscriptions, etc. — Validée par 100 voix contre 74 (nombreuses abstentions).

2° Élection Royer, dans l'Isère. — Corruption, manœuvres frauduleuses, illégalités, diffamations. — Validée par 176 voix contre 33.

3° Sincérité du suffrage universel, réclamée par un amendement du tiers-parti. — Rejeté par 205 voix contre 43.

4° Décentralisation, choix des maires dans les conseillers municipaux, élection de tous les conseils municipaux. — Rejeté par 167 voix contre 63.

5° Abrogation de la loi de sûreté générale. — Rejeté par 200 voix contre 36.

6° Mexique. — Amendement ainsi conçu : « Les expéditions lointaines de Chine, de Cochinchine et du Mexique ont effectivement inquiété beaucoup d'esprits, à cause des obligations et des sacrifices qu'elles entraînent. » — Rejeté par 199 voix contre 47.

7° Loi sur les coalitions. — M. Émile Ollivier, rapporteur. — Combattue par l'opposition et votée par 221 voix contre 36.

8° Loi sur les prud'hommes. — Révocations et suspensions administratives. — Votée par 199 voix contre 37.

9° Service des haras. — Suppression partielle. — Adopté par 127 voix contre 100. — Scrutin non politique, relevé à cause du grand nombre d'opposants.

10° Famille Lesurques. — Amendement réclamant la restitution à la famille Lesurques, d'une somme de 54 000 fr. — Rejeté par 168 voix contre 47.

11° Budget de l'Instruction publique. — Amendement de M. Jules Simon, proposant une augmentation de ce budget, rejeté par 231 voix contre 20.

SESSION DE 1865.

1° Election Bravay. — M. Bravay est élu pour la troisième fois dans le Gard, et cette élection est contestée comme les deux premières pour manœuvres électorales, consistant surtout dans un commencement d'exécution d'un canal non autorisé — Validée par 124 voix contre 46 (nombreuses abstentions.

2° Election Fabre. — Manœuvres et pressions administratives, validée par 214 voix contre 22.

3° Liberté de la presse. — Amendement du tiers-parti demandant que la juridiction des tribunaux ordinaires soit substituée au régime administratif— Rejeté par 126 voix contre 63.

4° Liberté de réunion. — Amendement de la gauche. « Dans le pays du suffrage universel, on voit des comités électoraux poursuivis sous le nom d'associations illicites, et pour la première fois, à ceux qui ont le droit d'élire on conteste le droit de délibérer (allusion à l'affaire des Treize) ; loin de marcher vers la liberté, le gouvernement s'en éloigne. » — Rejeté par 233 voix contre 17.

5° Finances. — Amendement ainsi conçu : « L'état de nos finances et du crédit public dépend de notre régime politique plus encore que des circonstances extérieures; tandis que l'Angleterre diminue sa dette, la France augmente incessamment la sienne.» Rejeté par 228 voix contre 19.

6° Immunités municipales. — Amendement demandant que les maires soient choisis dans le sein des conseils municipaux comme autrefois. Rejeté par 207 voix contre 25.

7° Instruction criminelle. — Amendement demandant la réformation de l'instruction criminelle, rejeté par 224 voix contre 24.

8° Peine de mort. — Amendement réclamant l'abolition de la peine de mort, rejeté par 212 voix contre 26.

9° Instruction primaire. — Amendement demandant l'instruction primaire gratuite et obligatoire, rejeté par 240 voix contre 17.

10° Mexique. —Amendement réclamant le rappel de nos troupes du Mexique rejeté par 224 voix contre 16.

11° Etats-Unis. — Vœux en faveur de la république des Etats-Unis, rejetés par 193 voix contre 24.

12° Lois de succession. — Amendement contenant le vœu qu'il soit fait des modifications aux lois de succession favorables à l'extension des droits du père de famille. — Combattu par la gauche et par le gouvernement. — Rejeté par 199 voix contre 42.

13° Pouvoir temporel du pape. — Amendement en faveur de la souveraineté temporelle du St-Siége. Combattu par le gouvernement—rejeté par 176 voix contre 83.

14° Communication de procès-verbaux.— Ordre du jour sur une demande de communication des procès-verbaux de la commission du budget, adopté par 176 voix contre 35.

15° Lois sur les conseils de préfecture. — Adopté par 212 voix contre 14.

26° Loi sur la mise en liberté provisoire.—Adoptée par 190 voix contre 28. (Voix de la majorité.)

SESSION DE 1866.

1° Election Frémy dans l'Yonne, contestée par la gauche qui considère le gouverneur du Crédit foncier comme un fonctionnaire public, et signale de nombreuses libéralités faites en vue d'influencer les électeurs, validée par 149 voix contre 44. (Nombreuses abstentions.)

2° Election Chesnelong, dans la deuxième circonscription des Basses-Pyrénées en remplacement de M. Larrabure, démissionnaire dans cette circonscription pour se porter dans la première. — Election contestée, parce que la démission de M. Larrabure, n'ayant pas été soumise à la Chambre et acceptée, devait être considérée comme nulle.
Validée par 160 voix contre 62.

3° Pouvoir temporel du pape. — Amendement déclarant que la souveraineté temporelle du pape est indispensable à l'exercice indépendant du pouvoir spirituel. — Appuyé par le gouvernement, qui l'avait combattu l'année précédente. — Comparer les votes. — Adopté par 216 voix contre 18.

4° Danemark.—Amendement en faveur du Danemark, à la veille de la guerre d'Allemagne.—Rejeté par 212 voix contre 30.

5° Céréales. —Amendement Pouyer-Quertier demandant l'établissement d'un droit sur les céréales étrangères entrant en France, rejeté par 190 voix contre 35. (La gauche a voté contre.)

6º Enquête agricole. — Premier amendement demandant que cette enquête soit confiée au Corps législatif et livrée à la publicité, rejeté par 223 voix contre 22.

6º Enquête agricole. — Deuxième amendement demandant que cette enquête soit faite avec le concours des conseils généraux et des conseils municipaux, rejeté par 199 voix contre 43.

8º Candidatures officielles. — Amendement protestant contre les candidatures officielles, rejeté par 236 voix contre 17.

9º Extension des libertés. — Amendement déclarant que le moment parait venu de donner à nos institutions les développements libéraux qu'elles comportent, rejeté par 202 voix contre 61.

10º Liberté de la presse. — Amendement demandant que la juridiction des tribunaux ordinaires soit substituée au régime administratif, rejeté par 186 voix contre 66. A la session précédente, cet amendement n'avait réuni contre lui que 126 voix ; en 1868, au contraire 7 voix seulement protestèrent contre le principe de la liberté de la presse.

11º Loi sur les conseils généraux, adoptée par 218 voix contre 5.

12º Loi sur les courtiers de marchandises, adoptée par 223 voix contre 13. (Voix de la majorité.)

13º Loi sur les crimes et contraventions, commis à l'étranger, votée par 212 voix contre 25.

SESSION DE 1867.

Dans l'intervalle de la session de 1866 à la session de 1867, a paru la fameuse lettre de l'Empereur du 19 janvier 1867, annonçant la suppression de l'adresse, remplacée par le droit d'interpellation *sage-*

ment réglementé (4 bureaux sur 9 doivent autoriser l'interpellation), la présence des ministres au Sénat et au Corps législatif par voie de délégation spéciale, et enfin la présentation de lois sur la presse, sur le droit de réunion, et sur la réorganisation de l'armée.

1° Modifications à la constitutions.—Ordre du jour sur les interpellations de M. Lanjuinais, au sujet des modifications apportées à la constitution et particulièrement de la suppression de l'adresse, voté par 241 voix contre 24.

2° Nomination des instituteurs. — Renvoi à la commission de l'art. 17 du projet de loi sur l'instruction primaire, pour obtenir la nomination des instituteurs par les inspecteurs d'Académie et non par les préfets, rejeté par 194 voix contre 60.

3° Allemagne et Italie. — Ordre du jour à la suite des interpellations de M. Thiers sur l'Allemagne et l'Italie, voté par 215 voix contre 44.

4° Contrainte par corps. — Article Ier portant suppression de la contrainte par corps en matière commerciale, civile et contre les étrangers, voté par 135 voix contre 92.

5° Contrainte par corps. — Ensemble de la loi voté par 112 voix contre 95.

6° Conseils municipaux de la banlieue de Paris.— Amendement réclamant le droit pour la *banlieue* de Paris de nommer ses conseillers municipaux, rejeté par 165 voix contre 39.

7° Conseils municipaux de Paris et de Lyon. — Amendement demandant que Paris et Lyon cessent d'être soumis au régime des commissions municipales, rejeté par 196 voix contre 27.

8° Élection pour sept ans des conseils municipaux. — Article voté par 148 voix contre 79.—Le renvoi à la commission avait obtenu 91 voix. Six députés se sont ralliés à l'article entre les deux votes (Cosserat, Delebecque, Hébert, Ladoucette, Sens, Seydoux).

9° Attributions des commissions municipales. — Amendement tendant à diminuer ces attributions, rejeté par 184 voix contre 33.

10° Loi sur les conseils municipaux. — Ensemble de la loi voté par 213 voix contre 36.

11° Communication de dossiers. — Ordre du jour sur une demande de communication des *dossiers* et non des *procès-verbaux* de la commission du budget, adopté par 184 voix contre 16.

12° Rachat du chemin de fer Victor-Emmanuel. — Voté par 168 voix contre 45.

13° Dotation Lamartine. — Loi relative à une récompense nationale à accorder à Lamartine, adoptée par 153 voix contre 24.

SESSION DE 1868.

Cette session a été presque exclusivement remplie par la discussion des trois lois sur l'armée, la presse, et les réunions publiques. — Nous signalerons cependant trois interpellations closes par l'ordre du jour, et plusieurs refus d'interpellations.

1° Interpellations sur la seconde expédition de Rome. (M. Rouher prononce son fameux *Jamais*.) — Ordre du jour adopté par 238 voix contre 17.

2° Interpellations sur la politique du gouvernement à l'égard de l'Allemagne et de l'Italie. — Ordre du jour adopté par 229 voix contre 23.

3° Interpellations sur le percement du cimetière Montmartre. — Ordre du jour adopté par 103 voix contre 100.

Les interpellations refusées sont les suivantes :

Sur l'application des lois touchant la liberté individuelle.

Sur l'application des droits d'octroi dans la banlieue de Paris.

Sur la nécessité pour Lyon de nommer son conseil municipal.

Sur le compte de 530 millions du préfet de la Seine.

Sur l'interdiction en France des journaux italiens et allemands.

Sur la publication des dépêches distribuées au parlement italien et omises dans les communications faites à la Chambre.

Sur le tableau des circonscriptions électorales.

Sur la poursuite des journaux, à la veille du vote sur la loi de la presse.

LOI SUR L'ORGANISATION DE L'ARMÉE ET DE LA GARDE NATIONALE MOBILE.

4° Amendement tendant à réduire de *neuf* à *huit* années le temps du service militaire. — Rejeté par 177 voix contre 81.

5° Amendement de la commission autorisant le *mariage* dans les trois dernières années de la garde mobile (au lieu des deux dernières). — Adopté par 238 voix contre 11, appartenant à la majorité.

6° Amendement tendant à accorder une *indemnité* aux femmes des gardes mobiles en activité. — Rejeté par 189 voix contre 31.

7° Article 5. — Durée du service fixée à *neuf* ans. — Adopté par 210 voix contre 44.

8° Amendement de M. Javal tendant à l'*interdiction du remplacement* dans la garde mobile. — Prise en considération adoptée par 144 voix contre 103.

9. Amendement de MM. Paulmier, de Veauce, etc., annulant le précédent sur la *faculté de remplacement* dans la garde mobile. — Rejeté par 165 voix contre 71. — Vote définitif, le seul à considérer.

10. — Article 14. — *Rappel* des classes exonérées de 1864, 1865 et 1866. — Adopté par 195 voix contre 43.

11. — *Ensemble de la loi.* — Adopté par 200 voix contre 60.

LOI SUR LA PRESSE.

12. — Article 1er. — Faculté de fonder un journal *sans autorisation.* — Adopté par 215 voix contre 7. (Les sept sages de la Grèce ! s'est écrié l'un de ces opposants.) Voici leurs noms :

M. Fould (Édouard), de l'Allier, actuellement démissionnaire.

M. de Geiger, de la Moselle, actuellement sénateur.

M. Granier de Cassagnac, du Gers, personnage bien connu ; celui qui s'est gratifié, lui et ses collègues, du titre de sages.

M. Creuzet, du Cantal.

M. Delamarre, de la Creuse.

M. de Saint-Paul, de la Haute-Vienne.

M. Nouailhier, de la Haute-Vienne.

Cette liste est précieuse en ce qu'elle nous enseigne que la sagesse et la lumière nous viennent maintenant du Cantal, de la Creuse et de la Haute-Vienne ! La vérité n'habite plus un puits, mais les sommets du plateau central de la France, l'Auvergne et le Limousin ! !

13. — Amendement réclamant le *jury* en matière de presse. — Rejeté par 209 voix contre 35.

14. — Amendement fixant à 3 *mois le délai* au

delà duquel des poursuites ne pourront être exercées. — Rejeté par 191 voix contre 46.

15. — Amendement supprimant le *taux des amendes* fixé au tiers du cautionnement. — Rejeté par 158 voix contre 58.

16. — Article 13. — *Suspension et suppression* du journal. — Adopté par 203 voix contre 33.

17. — Amendement de M. Berryer, réclamant le *tirage au sort* des présidents et juges des chambres correctionnelles. — Rejeté par 173 voix contre 48.

18. — Amendement réclamant l'abrogation de la loi sur la *diffamation* en matière publique et admettant *la preuve testimoniale* contre les fonctionnaires publics. — Rejeté par 193 voix contre 44.

19. — Amendement réclamant l'admission de la *preuve testimoniale* contre les directeurs des grandes *compagnies anonymes*. — Rejeté par 158 voix contre 61.

20. — Amendement tendant à enlever aux préfets la faculté de désigner les journaux chargés des *annonces judiciaires*, et à laisser le choix des journaux au *gré des parties*. — Rejeté par 186 voix contre 46.

21. — Amendement tendant à attribuer aux *tribunaux* la désignation des journaux pour les *annonces judiciaires*. — Rejeté par 125 voix contre 101.

22. — Amendement tendant à enlever aux préfets la faculté d'autoriser ou de défendre la *vente* des journaux *sur la voie publique*. — Rejeté par 194 voix contre 32.

23. — Amendement tendant à autoriser la *publication des débats* en matière de presse. — Rejeté par 204 voix contre 30.

24. — Amendement tendant à attribuer aux *tribunaux la faculté d'interdiction* des débats. — Rejeté par 167 voix contre 57.

25. — Amendement tendant à autoriser dans les

journaux les *comptes rendus* des séances du Corps législatif. — Rejeté par 151 voix contre 67.

26. — Article 11. — « Toute publication dans un écrit périodique relative à un fait de la *vie privée* constitue une contravention punie d'une amende de 500 fr. — La poursuite ne pourra être exercée que sur la plainte de la partie intéressée. » — Adopté par 132 voix contre 104. — Article dû à l'initiative de M. de Guilloutet, des Landes.

27. — Article 12. — *Privation des droits électoraux* pendant cinq ans après récidive. — Adopté par 135 voix contre 71.

28. — Article 13. — *Exécution provisoire*, nonobstant opposition. — Adopté par 182 voix contre 56.

29. — Amendement tendant à affranchir la profession de *libraire* de l'obligation du *brevet*. — Rejeté par 170 voix contre 72.

30. — Ensemble du projet de loi. — Adopté par 240 voix contre 1. (Berryer.)

LOI SUR LES RÉUNIONS PUBLIQUES.

31. — Article 2. — Obligation d'une *déclaration* signée de *sept* personnes. — Adopté par 169 voix contre 50.

32. — Article 6. — Droit de *dissolution* de la réunion. — Adopté par 184 voix contre 45.

33. — Amendement tendant à appliquer la loi des réunions aux *élections des conseillers généraux* et d'arrondissement. — Rejeté par 160 voix contre 65.

34. — Amendement tendant à supprimer la restriction des *cinq derniers jours*. — Rejeté par 184 voix contre 45.

35. — Article 13. — Droit donné aux préfets *d'ajourner* et au ministre *d'interdire les réunions*. — Voté par 191 voix contre 30.

36. — Ensemble du projet de loi. — Voté par 212 voix contre 22.

SESSION DE 1869.

Cette session se distingue des précédentes par plusieurs traits caractéristiques : sa courte durée, qui n'a été que de 106 jours, du 19 janvier au 26 avril, la rareté et la brièveté de ses séances, puisqu'elle n'en a compté que cinquante-trois, c'est-à-dire, une sur deux jours ; et que quatorze d'entre elles n'ont duré que de trois quarts d'heure à une demi-heure ; la multiplicité des congés, puisqu'ils se sont élevés jusqu'à 42 à la fois, et qu'il a manqué souvent un pareil nombre de députés sans congé régulier, occupés sans doute comme les premiers à leurs tournées électorales, enfin l'avalanche de projets de lois d'intérêt local et d'autorisations d'emprunts pour les villes et les départements, s'abattant sur le Corps législatif dans les derniers jours de la session, et votés à la vapeur, au plus grand avantage des candidatures officielles.

Aussi le bilan de cette session est-il médiocre :

1º Interpellations sur les événements de *l'île de la Réunion.* — Ordre du jour voté par 193 voix contre 21.

2º Interpellations sur la *politique extérieure.* — Partage de voix dans deux bureaux. — Demande de renvoi à ces deux bureaux pour procéder à un vote nouveau rejetée par 112 voix contre 101.

3º Interpellations sur les *candidatures officielles.* — Ordre du jour adopté par 156 voix contre 47.

4º Interpellations sur les *réunions publiques,* sur les *octrois* et sur les *cimetières,* n'ayant donné lieu à aucun scrutin ni à aucune résolution.

5º Discussion du projet de loi sanctionnant le

traité de la ville de Paris avec le Crédit foncier, au sujet d'un emprunt destiné à couvrir un *déficit de 465 millions.*

Amendement proposant de substituer un emprunt direct au traité conclu avec le Crédit foncier. — Repoussé par 141 voix contre 97.

Amendement tendant à renvoyer l'article 1er à la Commission. — Rejeté par 184 voix contre 69.

Amendement relatif à l'élection du Conseil munipal de Paris. — Rejeté par 211 voix contre 22.

Amendement proposant de soumettre à la Chambre le budget entier de la ville jusqu'à ce qu'elle ait des conseillers élus.—Rejeté par 178 voix contre 56.

Amendement proposant de n'autoriser la ville de Paris à entreprendre des travaux qu'après l'obtention, par une loi, des fonds nécessaires.— Rejeté par 193 voix contre 46.

Enfin ensemble du *projet de loi.* — Voté par 185 voix contre 41.

6° Projet de loi concernant le *Trocadéro* et l'aliénation d'une partie des terrains du *Luxembourg.* — Adopté par 145 voix contre 49.

Viennent ensuite la loi sur le contingent et les budgets, ordinaire, extraordinaire, supplémentaire, rectificatif, etc. Nous y distinguons les amendements suivants :

7° Amendement demandant des *députés pour l'Algérie.* — Rejeté par 151 voix contre 47.

8° Amendement demandant la *constitution de la propriété individuelle en Algérie.* — Repoussé par 127 voix contre 79, malgré la généreuse initiative et les révélations humiliantes de M. Le Hon.

9° Amendement réclamant *l'uniformité des urnes* employées dans les élections.—Rejeté par 153 voix contre 36.

10° Amendement proposant d'afficher dans toutes

les communes un *tableau de tous les candidats* à la députation. — Rejeté par 163 voix contre 38.

11° Amendement proposant d'interdire aux agents de l'administration de distribuer des bulletins avec les *cartes d'électeurs*, rejeté par 170 voix contre 44.

12° Amendement proposant d'élever à 500 fr. le minimum de la pension des *vieux instituteurs*. Rejeté par 90 voix contre 90.

Les derniers jours de la session sont ensuite consacrés au vote au pas de course d'une file interminable de projets de loi d'intérêt local et d'autorisations d'emprunts s'élevant à un nombre considérable de millions, puis la fête se termine par le bouquet final, qu'on ne saurait trop rapprocher du vote qui a refusé 500 fr. de pension aux instituteurs :

13° Loi accordant une pension de 250 fr. aux vieux militaires de la République et de l'Empire (que vient faire là la République ?) — Adoptée par 216 voix contre 5 (Bethmont, Glais-Bizoin, Grammont, Javal, Pelletan). Les autres membres de la gauche se sont abstenus.

CHAPITRE IV.

Classification des députés d'après leurs votes.

Nous avons recueilli minutieusement et consciencieusement les votes de chacun des 273 députés dans les 102 scrutins qui viennent d'être analysés, et dans plus de 40 autres, relatifs à l'adresse, au contingent, aux emprunts et aux budgets. Le tableau général de ces votes aurait une étendue tout à fait hors de proportion avec l'utilité que le lecteur pourrait en retirer; la seule lecture de ce tableau lui coûterait des efforts, et ne lui présenterait que des votes sans liaison, sans ensemble. Nous avons

cru préférable de le résumer avec toute l'impartialité et toute l'exactitude que comporte ce travail.
Quelques erreurs ont pu nous échapper, mais nous
ne pensons pas qu'elles puissent être de nature à
infirmer nos conclusions.

Les 273 députés, dont le mandat vient d'expirer,
peuvent se classer de la manière suivante :

1º Les purs, les ultras, les amis du 1er degré ;

2º Les dévoués mal disciplinés, ou amis du 2e degré ;

3º Le tiers parti ;

4º Les libéraux ;

5º Les radicaux démocrates.

1º LES PURS.

Ces députés n'ont jamais voté contre les vues du
gouvernement, ou ne l'ont fait que dans des cas extrêmement rares, et dans des questions indifférentes, comme les lois sur les haras, sur les courtiers, sur les chèques, sur les prud'hommes, sur la
marine marchande, sur la pêche du saumon, sur les
instruments de musique, etc., etc.; ou dans les
questions où ils ont pu se montrer encore moins
libéraux que le gouvernement, comme les lois sur
la liberté provisoire, sur la contrainte par corps
sur la dotation Lamartine, l'amendement sur la ré
vision des lois de succession, l'amendement sur la
souveraineté temporelle du pape, alors que le gouvernement non converti le combattait, etc., etc. On
peut encore ajouter quelques dispositions particulières de certaines lois, comme l'art. 11 de la loi sur
la presse, relatif à la vie privée, l'exécution provi
soire d'un jugement rendu contre un journal, la
suspension des droits électoraux, etc., toutes chose
peu compromettantes, quand on est décidé à voté

la loi qui consacre toutes les dispositions que l'on condamne.

Ces députés sont au nombre de 180. En voici la liste, par ordre alphabétique.

1. Abbatucchi,	49 ans.	Corse.
2. Albuféra (duc d'),	56 —	Eure.
3. André (de la Charente),	64 —	Charente.
4. André (du Gard),	36 —	Gard.
5. Andrieu,	59 —	Puy-de-D.
6. Auvray,	61 —	Manche.
7. Aygues-Vives (comte d'),	40 —	Hte-Gar.
8. Aymé,	63 —	Vosges.
9. Balay,	49 —	Loire.
10. Beauchamp (de),	51 —	Vienne.
11. Beauveau (prince de),	53 —	Sarthe.
12. Beauverger (baron de),	44 —	S.-et-M.
13. Belliard,	70 —	Gers.
14. Berger,	40 —	M.-et-L.
15. Bodin,	65 —	Ain.
16. Bois-Viel,	61 —	Finistère.
17. Bosredon (de),	38 —	Dordogne.
18. Boucaumont,	66 —	Nièvre.
19. Bouchetal-Laroche,	71 —	Loire.
20. Boudet (le comte),	66 —	Dordogne.
21. Bourgoing (baron de),	42 —	Nièvre.
22. Bourlon,	68 —	Vienne.
23. Bournat,	55 —	B.-d-Rh.
24. Boutelier,	61 —	S.-et-Loire.
25. Bravay,	52 —	Gard.
26. Buquet (baron),	60 —	Meurthe.
27. Busson-Billault,	46 —	Ariége.
28. Caffarelli (comte),	63 —	Ille-et-Vil.
29. Calvet-Rogniat,	56 —	Aveyron.
30. Campaigno (marquis de)	64 —	Haute-Gar.
31. Caruel de St-Martin (baron),	60 —	S.-et-Oise.
32. Cazelles,	76 —	Hérault.
33. Chadenet,	71 —	Meuse.
34. Chagot,	69 —	S.-et-Loire.
35. Champagny (comte Jér. de),	60 —	Côtes-du-N.
36. Charlemagne,	48 —	Indre.

37. Chasot (de), 67 ans. Orne.
38. Chesnelong, 49 — Bas-Pyré.
39. Christophle, 42 — Puy-de-D.
40. Cœhorn (baron de), 70 — Bas-Rhin.
41. Colbert-Chabanais (marquis de), 64 — Calvados.
42. Conégliano (marquis de), 44 — Doubs.
43. Corberon (baron de), 63 — Oise.
44. Corneille, 46 — Seine-Inf.
45. Cornudet (vicomte de), 44 — Creuse.
46. Cosserat, 69 — Somme.
47. Couëdic (le comte du), 59 — Finistère.
48. Creuzet, 70 — Cantal.
49. Daguilhon-Pujol, 77 — Tarn.
50. Dalloz, 43 — Jura.
51. Dambry, 73 — S.-et-Oise.
52. Darblay, 75 — S.-et-Oise.
53. Darracq, 54 — Landes.
54. Dautheville (général), 77 — Ardèche.
55. David (Ferdinand), 73 — Deux-Sèv.
56. David(le baron Jérôme) 47 — Gironde.
57. Dechastelus, 71 — Loire.
58. Dein, 50 — Finistère.
59. Delamarre, 72 — Creuse.
60. Delavau, 70 — Indre.
61. Delebecque, 72 — P.-de-C.
62. Deltheil, 74 — Lot.
63. Denat, 66 — Ariége.
64. Descours, 55 — Rhône.
65. Desmaroux de Gaulmin, 54 — Allier.
66. Dessaignes, 64 — L.-et-Cher
67. Dollfus, 43 — Lot-et-Gar.
68. Drouesnel. 71 — Calvados.
69. Drouot (vicomte), 53 — Meurthe.
70. Dumas (Ernest), 42 — Gard.
71. Du Miral, 57 — Puy-de-D.
72. Duplan, 78 — Hte-Garon.
73. Dupont, 73 — Dordogne.
74. Etcheverry, 64 — B.-Pyrén.
75. Fay de la Tour-Maubourg (m. de), 49 — Haute-Loire
76. Fleury (Anselme 49 — Loire-inf.
77. Fould (Adolphe) 45 — H.Pyrén.

78. Fouquet,	52 ans.	Eure.
79. Fourment (baron de),	48 —	Somme.
80. Frémy,	61 —	Yonne.
81. Gavini,	46 —	Corse.
82. Géliot,	64 —	Vosges.
83. Girod de l'Ain,	50 —	Ain.
84. Girou de Buzareingues,	64 —	Aveyron.
85. Granier de Cassagnac,	61 —	Gers.
86. Gros,	53 —	Haut-Rhin.
87. Guillaumin,	67 —	Cher.
88. Guilloutet (de),	50 —	Landes.
89. Hamoir,	57 —	Nord.
90. Havrincourt (marquis d'),	63 —	Nord.
91. Hébert,	59 —	Aisne.
92. Hennocque (colonel),	80 —	Moselle.
93. Jaucourt (le comte de),	44 —	S.-et-Marn.
94. Joliot,	49 —	Isère.
95. Josseau,	54 —	S.-et-Marn.
96. Jourdain,	52 —	P.-de-Cal.
97. Jubinal,	59 —	Htes-Pyr.
98. Kercado,	60 —	Morbihan.
99. Ladoucette (baron de),	62 —	Ardennes.
100. Lafond de St-Mür (baron),	52 —	Corrèze.
101. Lagrange (le comte de),	53 —	Gers.
102. Larrabure,	72 —	B.-Pyr.
103. Las Cases (comte de),	58 —	M.-et-Loir.
104. Lasnonier,	62 —	D.-Sèvres.
105. La Tour (comte de),	60 —	C.-du-N.
106. Laugier de Chartrouse (baron),	66 —	B.-du-R.
107. Le Calvez,	70 —	C.-du-N.
108. Lecomte (Eugène),	64 —	Yonne.
109. Lédier,	71 —	S.-Inf.
110. Le Joindre,	64 —	Moselle.
111. Le Hon (Le comte Léopold),	37 —	Ain.
112. Le Pelletier d'Aunay (comte),	53 —	Nièvre.
113. Leret d'Aubigny.	65 —	Sarthe.
114. Le Roux (Alfred)	54 —	Vendée.
115. Le Roux (Charles),	55 —	D.-Sèvres.
116. Lescuyer d'Attainville,	70 —	Var.
117. Liégeard,	39 —	Moselle.
118. Luzy-Pellissac (Génér. marq. de),	72 —	Drôme.

119. Mackau (baron de),	37 ans.	Orne.
120. Malausséna,	55 —	Alpes-Mar.
121. Mame,	64 —	Ind.-et-L.
122. Masséna (duc de Rivoli),	43 —	Alpes-Mar.
123. Mathieu,	55 —	Corrèze.
124. Mercier (baron),	69 —	Mayenne.
125. Meslin (général),	84 —	Manche.
126. Millet,	73 —	Vaucluse.
127. Montagnac (de),	61 —	Ardennes.
128. Mony,	69 —	Allier.
129. Murat (comte Joachim)	41 —	Lot.
130. Nogent Saint-Laurens,	55 —	Loiret.
131. Nouailhier,	66 —	H.-Vienne.
132. Noubel,	47 —	Lot-et-Gar.
133. Pagézy,	66 —	Hérault.
134. Pamard,	67 —	Vaucluse.
135. Paulmier,	58 —	Calvados.
136. Péreire Emile,	70 —	Gironde.
137. Péreire Eugène,	38 —	Tarn.
138. Péreire Isaac,	62 —	Pyrén.-Or.
139. Perras,	68 —	Rhône.
140. Perrier,	56 —	Marne.
141. Petit Guillaume,	65 —	Eure.
142. Peyrusse,	49 —	Aude.
143. Piccioni,	56 —	Haute-Gar.
144. Piennes (marquis de),	44 —	Manche.
145. Pierres (baron de),	51 —	Mayenne.
146. Piette.	63 —	Aisne.
147. Plancy (vicomte de),	60 —	Oise.
148. Poëze (comte de la),	48 —	Vendée.
149. Pons-Peyruc,	56 —	Var.
150. Quesné,	54 —	Seine-Inf.
151. Quinemont (marquis de),	61 —	Indre-et-L.
152. Reille (vicomte),	51 —	Eure-et-L.
153. Reinach (baron de),	50 —	Haut-Rhin
154. Rochemure (comte de),	51 —	Ardèche.
155. Rolle,	40 —	Côte-d'Or.
156. Romeuf (baron de),	71 —	H.-Loire.
157. Roques-Salvaza,	74 —	Aude.
158. Roulleaux-Dugage,	67 —	Hérault.
159. Royer,	78 —	Isère.

— 58 —

160. Sainte-Hermine (marquis de), 60 ans. Vendée.
161. Saint-Germain (de), 64 — Manche.
162. Saint-Paul (Calley de), 61 — H.-Vienne.
163. Schneider. 64 — S.-et-Loire.
164. Segris, 58 — Maine-et-L.
165. Sénéca, 69 — Somme.
166. Sens, 43 — P.-de-Cal.
167. Seydoux, 73 — Nord.
168. Sibuet (baron), 58 — Ardennes.
169. Simon (Joseph), 68 — L.-Infér.
170. Soubeyran (de), 41 — Vienne.
171. Talabot, 70 — Gard.
172. Tarente (duc de), 45 — Loiret.
173. Terme, 46 — Rhône.
174. Thoinnet de la Turmélière. 46 — Loire-Inf.
175. Tourrette (marquis de la), 57 — Ardèche.
176. Vast-Vimeux (baron de), 43 — Char.-Inf.
177. Veauce (baron de), 49 — Allier.
178. Welles de la Valette (comte), 35 — Dordogne.
179. Werlé, 68 — Marne.
180. West, 59 — Ht.-Rhin.

On trouve dans cette catégorie 13 chambellans sur 14 (M. d'Arjuzon figurant dans la catégorie suivante); le président et les vice-présidents du Corps législatif, nommés par l'Empereur (MM. Schneider, Alfred Leroux, Jérôme David, du Miral); le fils et gendre de deux ministres M. Welles de Lavalette, le gendre d'un ancien ministre, M. Busson-Billault, un chef de cabinet du ministre de l'intérieur, M. de St-Paul, le gouverneur et le sous-gouverneur du Crédit foncier, MM. Frémy et de Soubeyran, les directeurs du Crédit Mobilier, MM. Péreire, père, frère et fils.

Tous ces députés avaient été élus comme candidats officiels à l'exception de M. Gavini, qui ne peut manquer maintenant d'être patroné par le gouverment aux élections prochaines.

Presque tous seront encore des candidats officiels

et il faut avouer qu'ils l'ont bien mérité. Une douzaine à peine seront sacrifiés, MM. Hennocque et Meslin qui ont plus de 80 ans, MM. Belliard, Coëhorn, Dambry, Duplan, qui sont septuagénaires, et enfin pour divers motifs, MM. Bravay, Caffarelli, Caruel de St-Martin, Corberon, les trois Péreire et West.

Il en reste encore plus de cent soixante dont le dévouement sera à toute épreuve si on les renvoie de nouveau au Corps législatif.

Sentinelles-électeurs ! prenez garde à vous !

2. LES DÉVOUÉS MAL DISCIPLINÉS.

Les députés de cette catégorie ont voté, comme les premiers, les adresses, les contingents, les budgets et les emprunts ; leur dévouement n'est pas moindre, et ils le proclament aussi haut ; mais il leur est arrivé parfois de ne pas subir en aveugles le mot d'ordre du maître, dans des questions politiques d'une certaine importance, et de ne pas craindre, en votant contre le gouvernement d'ébranler les bases de l'empire et de la société. Ces velléités d'indépendance ont été rares et peu gênantes pour le gouvernement, mais elles n'en distinguent pas moins ce groupe de députés des précédents. Ils sont au nombre de 47, dont voici les noms par ordre alphabétique :

1.	Arjuzon (comte d'),	59 ans.	Eure.
2.	Barbet,	80 —	Seine-Inf.
3.	Barrillon,	68 —	Oise.
4.	Bartholoni,	47 —	Haute-Sav.
5.	Belmontet,	70 —	Tarn-et-G.
6.	Benoist (baron de),	56 —	Meuse.
7.	Bérard,	42 —	Savoie.
8.	Bertrand,	72 —	Calvados.

9.	Boigne (comte de)	40 ans.	Savoie.
10.	Bussière (baron de),	65 —	Bas-Rhin.
11.	Champagny (comte Napoléon de),	63 —	Morbihan.
12.	Chauchard,	61 —	H.-Marne.
13.	Chevalier de Valdrôme,	59 —	Meurthe.
14.	Chiseuil (de),	73 —	S.-et-Loire.
15.	Clary (vicomte),	53 —	L.-et-Cher.
16.	Conseil,	67 —	Finistère.
17.	Coulaux,	59 —	Bas-Rhin.
18.	Curé,	71 —	Gironde.
19.	Dalmas (de),	46 —	Ille-et-Vil.
20.	Echassériaux (baron),	46 —	Char.-Inf.
21.	Grouchy (vicomte de),	63 —	Loiret.
22.	Guistière (de la),	44 —	Ille-et-Vil.
23.	Haentjens,	45 —	Sarthe.
24.	Janvier de la Motte (comte),	71 —	Tarn-et-G.
25.	Kolb-Bernard,	71 —	Nord.
26.	Lacroix St-Pierre,	52 —	Drôme.
27.	Lebreton (général),	78 —	Eure-et-L.
28.	Leclerc d'Osmonville,	72 —	Mayenne.
29.	Lefébure,	61 —	H.-Rhin.
30.	Lespérut (baron),	56 —	Hte-M.
31.	Louvet,	63 —	Maine-et-L.
32.	Marey-Monge,	51 —	Côte-d'Or.
33.	Mége,	52 —	Puy-de-D.
34.	Millon,	41 —	Meuse.
35.	Morin,	55 —	Drôme.
36.	Nesle (marquis de),	66 —	Cher.
37.	Parieu (de),	78 —	Cantal.
38.	Pinart,	69 —	Pas-de-C.
39.	Piré de Rosnyvinen,	60 —	Ille-et-Vil.
42.	Pissard,	54 —	Hte-Savoie,
41.	Plancy (baron de),	54 —	Aube.
42.	Reguis (colonel),	79 —	B.-Alpes.
43.	Richemont (vicomte de),	64 —	Lot-et-Gar.
44.	Rotours (des),	36 —	Nord.
45.	Roy de Loulay,	51 —	Char.-Inf.
46.	Torcy (marquis de),	42 —	Orne.
47.	Travot (baron),	61 —	Gironde.

Sur ces 47 députés, deux seulement avaient été

élus comme candidats indépendants en 1863, MM. de Grouchy et Pinart. En récompense de leur dévouement, ils ne peuvent manquer d'être présentés en 1869 comme candidats officiels. Il semble d'un autre côté que le gouvernement ne veuille plus accorder sa haute et efficace protection à MM. Bertrand, Conseil, Curé, Etcheverry, Janvier de la Motte et Kolb-Bernard. Nous avons peine à croire à tant d'ingratitude.

Quoi qu'il en soit, les députés du premier et du deuxième degré, font un total de 227, dont plus de deux cents conserveront l'estampille officielle.

Sentinelles-électeurs! prenez garde à vous !

3. LE TIERS-PARTI.

Ces députés sont essentiellement et avant tout conservateurs.

Ils n'ont voté et ne voteraient encore pour aucune mesure qui pût non-seulement ébranler, mais affaiblir le gouvernement. Seulement ils ont tenté de faire pénétrer un esprit plus libéral dans les conseils du gouvernement, avec une persévérance digne d'un meilleur sort, mais aussi avec une naïveté difficile à concevoir. Ils ont voté les adresses, les contingents, les budgets et les emprunts, mais ils ont demandé la décentralisation, l'élection de tous les conseils municipaux et des maires, l'abrogation de la loi de sûreté générale, l'abstention de toute expédition lointaine, la protection efficace de l'agriculture, la juridiction du jury en matière de presse, la liberté des comptes rendus des procès de presse, la liberté des comptes rendus des Chambres, la suppression des restrictions apportées à la liberté de réunion, etc., etc.... Ils sont au nombre de treize, dont voici les noms par ordre alphabétique.

1. Ancel,	57 —	S.-Inf.
2. Andelarre (marquis de),	66 —	Hte-Saône.
3. Brame,	62 —	Nord.
4. Buffet,	51 —	Vosges.
5. Darimon,	50 —	Seine.
6. Gorsse (baron)	35 —	Tarn.
7. Lambrecht,	50 —	Nord.
8. Latour-Dumoulin,	47 —	Doubs.
9. Martel,	56 —	Pas-de-C.
10. Ollivier (Emile)	44 —	Seine.
11. Plichon,	55 —	Nord.
12. Pouyer-Quertier,	49 —	S.-Inf.
13. Talhouet (marquis de).	50 —	Sarthe.

Sur ces 13 députés, quatre avaient été élus avec le patronage du gouvernement : MM. Brame, Latour-Dumoulin, Pouyer-Quertier et de Talhouët ; ils ont donc pu déplaire au gouvernement, et on ne devrait pas s'étonner qu'il leur refusât la candidature officielle. Sept autres de ces députés paraissent s'être tenus dans la limite d'opposition qu'ils avaient promise à leurs électeurs ; mais que penser de la conduite de MM. Ollivier et Darimon, qui n'ont pu se méprendre sur la portée du mandat qu'ils avaient reçu, et qui cependant se sont tellement éloignés de leurs amis de la gauche, et des opinions qui avaient jadis fait leur réputation, que le premier en est réduit à former un parti à lui seul et à essayer une pénible et impossible justification, et que le second n'ose même plus tenter de faire appel à ses anciens électeurs qui lui avaient cependant donné une imposante majorité ? Heureusement, le Conseil d'État ou la Cour des comptes sont là pour le consoler de tant d'ingratitude.

4. LES LIBÉRAUX.

Ces députés ont combattu consciencieusement et

en toute occasion la politique intérieure du gouvernement, mais sans aller jusqu'au refus de l'impôt devant ces prodigalités, ni jusqu'au refus du contingent, devant ses désastreuses expéditions, et la crainte incessante d'une guerre formidable. Ils ont voté en général les adresses, les contingents, les budgets et les emprunts. Ils sont au nombre de 18, dont voici les noms dans l'ordre alphabétique :

1. Chambrun (comte de),	48	—	Lozère.
2. Estourmel (comte d'),	38	—	Somme.
3 Goërg,	54	—	Marne.
4. Grammont (marquis de),	64	—	Hte·S.
5. Guéroult,	59	—	Seine.
6. Hallez-Claparède,	57	—	Bas-Rhin.
7. Houssard,	55	—	Indre-et-L.
8. Janzé (baron de),	47	—	C.-du-N.
9. Javal (Léopold),	65	—	Yonne.
10. Laroche-Joubert,	49	—	Charente.
11. Malézieux,	48	—	Aisne.
12. Piéron-Leroy,	67	—	Pas-de-C.
13. Planat,	43	—	Charente.
14. Richard (Maurice),	37	—	S.-et-Oise.
15. Riondel,	45	—	Isère.
16. Stiévenart-Béthune,	52	—	Nord.
17. Thiers,	72	—	Paris.
18. Tillancourt (de),	60	—	Aisne.

Sur ces 18 députés, deux seulement avaient été élus avec le patronage du gouvernement, MM. de Janzé et Javal ; ce patronage leur aurait été enlevé évidemment, aux élections prochaines, si eux-mêmes, entrés franchement dans la voie de l'opposition, ne l'avaient décliné.

L'un d'eux au contraire, candidat indépendant en 1863, M. Stiévenart-Béthune, paraît devoir être un candidat officiel en 1869. C'est la suite naturelle de sa décoration du 15 août dernier ; à ses électeurs à le juger.

Tous les autres demeurent candidats indépendants.

5. LES RADICAUX DÉMOCRATES.

Ces députés portent plus loin encore leur libéralisme ; ils combattent en toute occasion la politique du gouvernement, comme contraire à la souveraineté nationale, et protestent contre le pouvoir personnel en votant constamment contre l'adresse, les contingents, les budgets et les emprunts ; ils sont au nombre de 15, dont voici les noms :

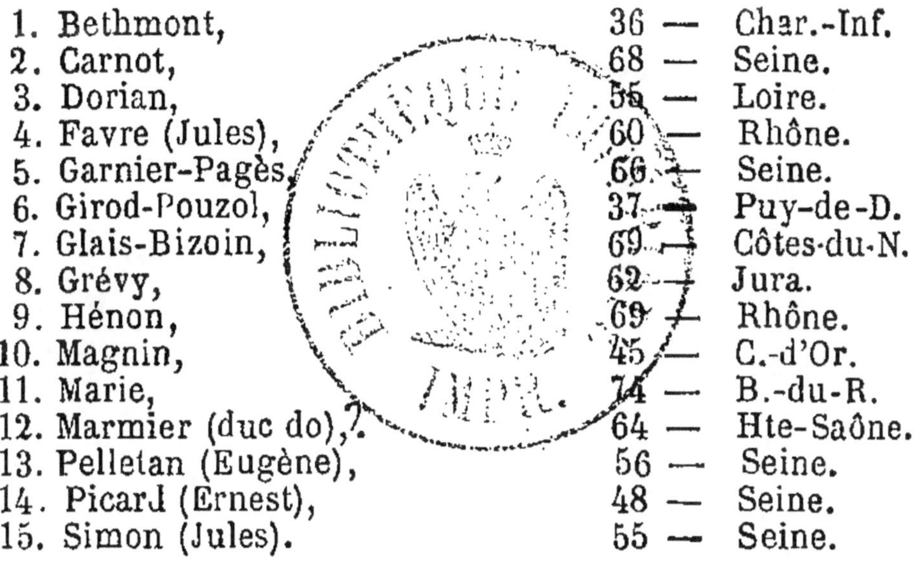

1.	Bethmont,	36	—	Char.-Inf.
2.	Carnot,	68	—	Seine.
3.	Dorian,	55	—	Loire.
4.	Favre (Jules),	60	—	Rhône.
5.	Garnier-Pagès,	66	—	Seine.
6.	Girod-Pouzol,	37	—	Puy-de-D.
7.	Glais-Bizoin,	69	—	Côtes-du-N.
8.	Grévy,	62	—	Jura.
9.	Hénon,	69	—	Rhône.
10.	Magnin,	45	—	C.-d'Or.
11.	Marie,	74	—	B.-du-R.
12.	Marmier (duc do),	64	—	Hte-Saône.
13.	Pelletan (Eugène),	56	—	Seine.
14.	Picard (Ernest),	48	—	Seine.
15.	Simon (Jules).	55	—	Seine.

Il est inutile de dire que tous ces députés ont été élus en dehors du patronage officiel, et qu'ils se présentent de nouveau devant leurs électeurs, avec la même indépendance.

Et maintenant la parole est au suffrage universel.

Sentinelles-électeurs ! Prenez garde à vous !

10670. — Imprimerie gén. de Ch. Lahure, rue de Fleurus, 9.

10670. — IMPRIMERIE GÉNÉRALE DE CH. LAHURE

Rue de Fleurus, 9, à Paris

* 9 7 8 2 0 1 2 3 9 6 0 2 9 *